2025 트렌드 노트

2025 트렌드 노트

일상의 여가화, 여가의 레벨업

신예은 · 박현영 · 정석환 · 유지현 · 권소희 · 정현아 · 신수정 지음

북스톤

데이터는 패턴이고
트렌드는 길항이다

　2024년은 이런 해다. 2020년 갑자기 들이닥친 코로나19라는 긴 터널의 끝을 목도한 해, 코로나19에도 불구하고 사라지지 않은 것이 무엇이며 코로나를 빌미로 기다렸다는 듯이 사라진 것이 무엇인지 확인할 수 있었던 해, 코로나를 계기로 우리 삶에 새롭게 들어와서 코로나가 끝난 후에도 남은 것이 무엇인지, 코로나의 끝과 함께 아쉬움 없이 퇴장한 것이 무엇인지 확인할 수 있는 해였다.

　좋은 예시가 술판의 변화다. 술은 식문화의 대표주자이자 만남과 사교의 매개다. 팬데믹을 거치면서 마시는 술의 종류가 달라졌고, 함께 마시는 사람이 달라졌으며, 곁들여 먹는 음식이 바뀌었다. 술의 종류부터 보자. 2018년부터 한 번도 바뀌지 않던 주종 언급량 순위가 2020~24년 사이에 두 번 역전했다. 첫 번째는 2020년 9월, 와인이 소주를 역전했다. 두 번째는 2022년 5월, 하이볼이 위스키를 역전하더니 같은 해 12월에는 막걸리를 역전했다.

　코로나 이전에 가장 많이 언급된 주류는 맥주, 소주, 와인, 막걸리, 위스키 순이었다. 와인은 시즌성이 있는 술로 12월 연말에만 피크를 보였다. 특정 시기, 특정 마니아층에만 소비되던 와인이 어떻게 소주를 뛰어넘을 만큼 대중화되었을까? 와인의 연관 감성은 '적당하다', '가볍다', '새롭다', '간단하다'이다. 맛 표현으로는 '부드럽다', '풍부하다', '드라이하다'가 나타난다. 와인은 소주보다 다채롭고 부드럽다. 반면 소주는 '힘들다', '싫다', '맛없다' 같은 부정어가 함께 나타난다. 소주는 힘든 자리, 싫어도 맛없어도 먹어야 하는 술 속성을 지니고 있다. 와인의 유일한 장벽은 '비싸다'였는데, 코로나 시기 재난지원금과 정보 공유가 가격의 장벽을 낮춰주었다. 재난지원금이 와인의 가격 장벽을 낮췄다고? 2020년 정부는 코로나19 위기대책의 일환으로 긴급재난지원금을 지급했다. 재난지원금 사용처는 약간의 여윳돈이 생겼을 때 사람들이 어떤 소비를 하는지 보여주었다. 재난지원금으로 공돈이 생기자 사람들은 와인, 소고기, 이국적 과일과 디저트 등 약간만 무리하면 언제든 지를 수 있지만 우선순위에서 밀렸던 먹거리를 샀다. 와인은 알고 있지만 선뜻 손이 가지 않던 주종으로 고기로 치자면 소고기, 과일로 치자면 애플망고 같은 존재였다. 특정 시기에 좋은 술의 맛을 경험하고 학습한 사람들은 이후에도 취향에 따라 소비하기를 계속했다.

정보의 개방성 역시 저변을 확대한 주요 요인이다. 2018년까지 와인에 관한 정보는 주로 동호회, 시음회 등 대면을 통해 습득했다. 하지만 2019년 이후 유튜브를 통한 정보 습득이 증가하더니 코로나 이후 더 강화되었다. 유튜브를 매개로 많은 이들이 많은 사람들을 대상으로 와인을 활발하게 추천하고 추천받았다. 와인은 종류가 다양한 만큼 관련 정보를 얻고자 하는 이들도 무척 많았고, 사람들의 관심이 커지면서 정보 공유자도 늘어났다. 사람들의 관심이 커지자 유통사가 참여해 와인 전문숍이 생겼고, 와인 전문숍을 통해 더 많은 정보가 공유되었다. 그들만의 리그였던 좁은 시장의 저변이 정보 개방으로 확대된 것이다. 이런 양상은 향수, 호텔, 명품 소비에서도 나타난다. 예를 들어 특급 호텔 스위트룸은 일반인의 고려 대상에 들어오기도 쉽지 않다. 하지만 정보가 공유되고 그곳에서 어떻게 행동해야 하는지를 알게 되면 가격이 낮아지지 않아도 소비자가 느끼는 경험의 문턱은 낮아진다. 엔트리 경험이 쉽지 않은 시장에서 정보는 경험을 대신해준다. 과거에 특정 VIP만 즐겼던 누림의 문화가 대중화되는 데는 정보의 개방성이 전제조건이다.

'과한 소주'와 '가벼운 와인' 중 후자의 관심도가 높아지는 것은 곧 우리 사회의 변화를 나타낸다. 지독한 분위기의 사회에서 농도가 연한—즉 서로를 용인해줄 수 있는—'적당한, 가벼운, 부드러운 사회'로 나아가고 있다는 방증이다. 강제적이고 수직적이던 술 문화는 서로의 취향을 존중하는 수평적 문화로 변화하고 있다.

술과 관련한 두 번째 역전의 주인공, 하이볼은 하나의 현상이 사회의 문화로 자리 잡는 패턴을 보여준다.

하이볼 언급량은 계단식으로 상승했다. 하이볼 언급량이 위스키보다 낮았던 2021년부터 2022년 초까지를 '하이볼 스타트'라 이름 붙이자. 월 언급량 2000건 이하였던 이 시기의 하이볼은 '처음'으로 경험해보는, 위스키를 마시는 새로운 방법이었다. 월 4000건 이

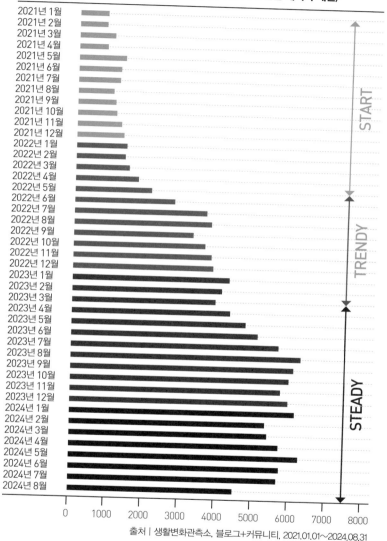

〈'하이볼' 언급 추이 : 하나의 '현상'이 사회의 '문화'로 자리 잡는 데이터 패턴〉

출처 | 생활변화관측소, 블로그+커뮤니티, 2021.01.01~2024.08.31

상 언급되며 위스키를 역전한 2기의 하이볼은 주말 저녁, 웨이팅해야 하는 식당에서 경험하는 트렌드가 되었다. 2023년 3월 이후 월 6000건 이상 언급되며 위스키와의 격차를 벌린 하이볼은 드디어 식사와 연결되기 시작한다. 명실상부 '스테디'한 음료의 반열에 들어선 것이다. 하이볼의 그다음 과제는 맥주화다. 맥주처럼 반주로 소비되고, 혼자서도 같이해도 무난하고, 공적인 회식에도 친구 모임에도 어색하지 않은 술로 자리 잡는 것이다.

트렌드가 되기 위해서는 특별한 상황, 특정 음식, 특별한 사람들에게 소구되어야 하지만 트렌드를 넘어 대중화되려면 특수 상황과 특정 음식, 특별한 사람을 벗어나 일상의 영역으로 들어와야 한다. 마케터는 특별함으로 사람들을 자극하고, 특별함 이후에는 보편을 지향하며, 보편화 이후에는 지루해지지 않게 끊임없이 새로움을 주어야 한다. 우리 브랜드의 위치가 처음인지, 유행인지, 일상인지 확인하려면 데이터 패턴을 보고, 새로움을 주기 위해서는 트렌드를 살펴야 한다.

트렌드는 길항(拮抗)이다. 하나의 현상이 트렌드로 부상하면 반대급부도 뜬다. 2025년을 앞두고 술판에서 주목해야 하는 트렌드는 '낭만'이다. 와인의 소주 역전, 하이볼의 위스키 역전 속에 고급화, 취향화, 음식과의 페어링 중시라는 트렌드가 있다면 반대급부로 노포, 야장, 소탈함이라는 트렌드도 있다. 야장은 가게 바깥에 테이블을 두고 길거리에서 술과 안주를 즐기는 상황을 표현하는 말이다. 밤에 마음 편히 술 한잔 기울일 수 있는 사람과, 조금은 정돈되지 않은 분위기의 바깥에서 선선한 날씨와 함께 음식과 술을 즐기는 이미지, 그것이 야장의 심상이다. 야장의 장소는 야외 술집 포차, 특히 서울의 종로와 을지로가 상징하는 포장마차 느낌의 오래된 공간들이다. 골목과 길거리 사이사이, 낮은 건물들과 오래된 간판이 있는 곳이다. 야장의 술은 소주와 하이볼, 음식은 고기, 김치, 치킨에 분식이다. 고급지고 화려한 음식보다는 친근하고 푸근한, 소탈한 음식이 주를 이룬다. 여기에 봄·가을의 계절성 그리고 사장님의 푸근함을 빼놓을 수 없다.

다시 말하지만 트렌드는 길항이다. 술판의 변화에서 읽히는 식음의 고급화, 나를 대접하는 문화, 정답지에 가까운 페어링의 길항으로 낭만과 소탈함으로 가득한 거리의 술 문화, 야장이 뜬다. 하지만 반대급부임에도 뜨지 않는 것이 있다. 남을 대접하는 문화, 무겁고 권위적인 술자리, 억지로 모두가 같은 식음을 먹는 획일화된 회식 문화는 코로나가 두 번 돌아도 다시 돌아오지 않을 것이다. 우리는 2025년을 준비하기 위해 그 앞에 서 있다. 고급, 취향, 효율 베이스에 낭만과 소탈을 추가하고 우리 브랜드의 개성 한 방울을 더해서 2025년 항해 지도를 만들어보자. 출발!

Contents

PART 1. 새로운 삶의 방식

Chapter 1. 케어의 아웃소싱

Chapter 2. 여가의 레벨업

Chapter 3. 새로운 엄마 아빠 아내 남편

PART 2. 새로운 시대 정서 ────────

Chapter 4. 연애 프로그램으로 읽는 주류 감성

Chapter 5. 브이로그로 본 이 시대의 코드

Chapter 6. AI 시대, 우리가 준비해야 할 것은?

PART 3. 새로운 소비 형태

Chapter 7. 혼자 사는 집에 들어오는 것들

Chapter 8. B급 소비가 꿈꾸는 미래

누구와 성장하고 어떤 정보를
받아들이며 어디에 돈을 쓸 것인가

　트렌드는 3가지 분야에서 나타난다. '이 신조어 알아?', '요새 유
행하는 거기 가봤어?', '먹어봤어?'와 같은 단발성 유행이 아니라 생
활 변화의 경향성을 뜻하는 트렌드는 일상, 여가, 가치관 3가지 분
야로 나뉜다. 큰 흐름을 개괄하면 다음과 같다.

　[일상 : 일상의 여가화] 1년에 두 번의 방학, 8월 첫주의 여름휴
가, 14박 15일 유럽 배낭여행처럼 1년에 한두 번, 평생에 한두 번이
아니라 매일매일의 일상에 여행과 여가성이 들어왔다. 평일 점심
산책 코스, 가족과 저녁 데이트, 주말의 성수동 팝업스토어 투어,
상수동 맛집 투어처럼 평일 또는 반복되는 점심·저녁에, 서울 아는
동네에서 '코스'와 '투어'라는 여행적 행위가 이루어진다. 매일을 참
고 견디다 단 한 번 폭발적으로 여가를 즐기는 게 아니라 매일의 평
범한 일상에서 여가를 즐긴다. 일상이 중요해지고 루틴이 중요해
진다. 일상적 변주가 중요하다고 말하는 이유가 이것이고, '불금'이
라는 말이 사라진 맥락도 이와 같다. 금요일만 불태울 필요도 없고,
금요일이라고 번아웃되도록 불태울 필요도 없다. 브랜드 확장을 기
획한다면 특별한 날이 아니라 평일을 잡아야 한다.

[여가 : 레벨업 여가] 일상이 여가화된다면 여가는 어떻게 될까? 여가는 깊어진다. 여가는 단발성 체험에 머물지 않고 반복하면서 레벨을 올리는 취미가 된다. 프리다이빙 강습을 받으며 양평 수영장에서 동해, 강릉, 속초, 완도로 범위를 넓히고 마침내 필리핀, 인도네시아, 몰디브 등 해외 프리다이빙 명소로 여행을 기획한다면 프리다이빙은 취미인가, 여가인가, 여행인가, 그의 인생인가? 가족, 일, 그 사이에서 알게 된 사람들이 중요하지 않다는 것은 아니지만 그 외에 나만의 그 무엇, 평생에 걸쳐 지속하고 싶은 그 무엇을 여가에서 찾을 가능성이 커진다. (레벨업되는 여가에 대해서는 2장에서 자세히 다룬다.)

[가치관 : 효율과 낭만] 트렌드를 길항이라 할 때, 길항은 가치관에서 목격된다. 산이 떴으니 다음에는 바다가 뜬다는 식의 길항보다는, 철저한 계획과 계산적 사고의 효율이 뜨면 반대급부로서 무계획과 무지성의 낭만이 뜨는 식이다. 길항적 가치관은 순차적이기보다는 동시적이다. 어디를 가든 내비게이션으로 최적의 동선을 찾고, 한 군데를 가도 코스를 짜서 일석이조를 얻고, 1분 1초의 낭비도 용납하지 않는 '효율'을 내면화한 사람이 어떤 장면에서는 '낭만'을 추구한다. 실시간으로 변하는 야구장 하늘에서, 응원하는 스포츠팀의 승패에 울고 웃고, 가장 비효율적인 '굳이여행'(굳이 갈 필요 없는데, 굳이 이거 하나 보러 간다는 비효율을 표방하는 여행)을 떠난다. 효율파와 낭만파가 따로 있을 수 있지만 그보다는 한 사람이 자기 안에 효율과 낭만의 씬을 따로 갖고 있다. 그러므로 효율을 돕는

14

다고 표방하는 브랜드라도 낭만적 캠페인을 기획할 필요가 있다. 2025년 마케팅 기획자라면 낭만적 씬의 대표주자인 야구장과 노포 활용 기획을 검토해보자.

트렌드 분야는 크게 변하지 않았지만 트렌드 분야에 등장한 특수 상황이 있다.

[트렌드의 새로운 분야 : 일의 변화] 일의 변화는 트렌드에서 반드시 다루는 영역은 아니었다. 오히려 다룰 필요가 적다고 할 수 있다. 하지만 일과 관련한 제도의 변화는 생활의 변화에 큰 영향을 미친다. 주5일제, 주52시간 근무제, 코로나 팬데믹 때 실시한 유연근무제 등, 모두 강제로 시행돼 사람들에게 공통의 경험을 남겼다. 굵직한 제도의 변화와 구성원의 변화는 일을 대하는 태도의 변화를 가져왔고, 직장인의 상을 바꿔놓았다. 기술 발전이 추동한 산업의 변화, 제도와 환경에 의한 일터의 변화, 조직을 위해 희생하기보다는 개인의 성장을 중시하는 구성원의 변화가 일어나고 있다. '유연성', '성장', '피드백'이라는 키워드를 안고 일의 변화를 지속적으로 지켜보자.

[트렌드의 새로운 독자 : 교장 선생님] 트렌드의 고전적 독자는 마케터다. 확장하면 기업이나 기관에서 일하는 사람들이 신규 기획을 하거나 기존의 브랜드를 시대에 맞게 현행화하기 위해 트렌드를 읽는다. 여기에 최근 새로운 독자가 등장했다. '교장 선생님'으로 대표되는 조직의 리더로, 똑똑하고 성실하며 열심히 살아온 사

람들, 설명을 들으면 이해되지 않는 게 없다고 생각했는데 어느 순간 트렌드와 너무 멀어졌다고 느끼는 사람들, 트렌드가 'MZ세대'의 전유물인 것처럼 이야기되는 바람에 트렌드에 동참하기도 애매해진 사람들, 약자라고 생각해본 적 없는데 트렌드 담론에서만큼은 소외감과 억울함을 느끼는 사람들이다. 이런 분들에게 데이터를 기반으로 트렌드 강의를 하면 트렌드를 이해하게 됨은 물론이요 예상치 못한 위로를 받았다는 고백을 듣곤 한다. 반면 트렌드의 고전적 독자인 마케터는 데이터를 근거로 조직을 설득할 수 있게 되어 자신감을 얻었다고 한다. 요약하면 데이터를 통한 트렌드는 리더가 된 과거의 일꾼을 위로하고 지금의 일꾼에게는 무기가 된다. 교장 선생님을 설득하고자 하는 일잘러, 일잘러를 이해하고자 하는 교장 선생님 모두 두 팔 벌려 환영한다.

[트렌드의 톤앤매너 : 3줄 요약] 트렌드는 줄임말이라고 생각하는 사람들이 있다. 몇 가지 언어의 앞글자를 따서 삼행시를 짓듯이 말을 만들어낸다는 것이다. 트렌드를 기억하기 좋게 하려는 의도였을 텐데, 내용은 사라지고 형식에 대한 비판만 남았다.

데이터로 트렌드를 설명할 때는 N행시를 읊는 대신 만연체로 줄줄이 설명했다. 데이터도 읽어야 하고 현상도 설명해야 하고 의미도 담아야 하니 상대적으로 할 말이 많았다. 그러나 최근의 트렌드 설명은 점점 과외선생님의 3줄 요약이 되어간다. 현상을 하나하나 설명하며 결론에 이르기보다 오늘 무슨 이야기를 할지 요약하고 꼭지별로 분절하여 결론을 내린다. 짧고 굵게 정보를 전달하는 유

튜브 매체의 영향도 있고, 우리 모두가 경험한 주입식 교육의 영향
도 있을 것이다. 필자가 참여하고 있는 SERICEO 동영상 강의도 최
대 7분 50초, 8분을 넘지 않아야 한다. 초 단위로 분량을 정하고 조
금이라도 길어지는 말은 들으려 하지 않는다. 그럼에도 어떤 것들
은 긴 호흡으로 이해하고 갈 필요가 있다. 책은 그런 면에서 기초를
다지는 용도다. 짧고 굵게 요약해서 전달하고자 해도 책은 읽어내
기 위해 여전히 긴 시간을 요구한다. 2025년 한 해 수없이 전해질
트렌드 현상을 받아들이기 전에 한 번만, 한 번은 긴 호흡으로 책을
읽을 것을 추천한다.

　이 책은 다음과 같이 구성되어 있다.

　1부는 '관계'에 대한 이야기다. 한 줄로 요약하면 '나를 돌보고 키
우는 것은 가족이 아니라 다른 관계들'이다. 과거 대비 무엇이 바
뀌었나? 돌봄을 받고 성장하는 시기가 변화했다. 어릴 때만 배우고
성장하는 것이 아니라 평생에 걸쳐 배우고 성장한다. 성장에 자극
을 주는 사람들도 달라졌다. 가족이나 동료처럼 주어진 관계가 아
니라 내가 선택한 관계, 즉 서비스 구매행위로 이어진 관계나 자발
적 커뮤니티 구성원이다. 여기에서 케어의 아웃소싱, 레벨업 여가,
가족관의 변화가 도출된다. 성장과 케어의 관점에서 관계의 변화를
살펴보자.

　2부의 키워드는 '모순'이다. 연애를 하지 않는 시대에 연애 프로
그램이 잘나가고, 개인은 성공이 아니라 실패를 자랑한다. 인간이

기계에 문법을 가르치는 것이 아니라 인간이 기계의 문법을 배워야 한다고 주장한다. 이 모순들이 시대의 정서다. 정서, 호불호, 취향은 대단히 개인적인 것 같지만 사실은 대단히 시대적인 것이다. 서로의 감정과 취향을 계속 엿보고 지속적으로 영향을 주고받는다. 그래서 우유크림이 듬뿍 든 빵이 맛있다가, 바질페스토 베이글이 맛있다가, 말캉말캉한 푸딩이 맛있다고 느끼게 되는 것이다, 그것도 모두 다같이.

3부는 새로운 소비 형태를 관찰한다. 《트렌드 노트》 시리즈는 꾸준히 소비의 관점에서 트렌드를 보아왔다. 《2023 트렌드 노트》의 '동경의 소비, 사랑의 소비, 필요의 소비'는 지금도 지속되는 트렌드다. 명품으로 대표되는 동경의 소비, 애정과 인정을 표현하기 위한 사랑의 소비, 5000원도 아까워 그 이상은 결코 쓸 수 없다고 말하는 필요의 소비는 해당 브랜드에 얼마까지 쓸 수 있는가를 결정하는 중요한 잣대다. 《2024 트렌드 노트》의 '습관의 소비, 경험의 소비, 지성의 소비' 역시 지속되는 트렌드다. 우리 브랜드의 한계와 과제를 파악하는 데 습(習), 경(經), 지(知)는 여전히 유효한 기준이다. 《2025 트렌드 노트》 소비 파트에서는 '돈을 어디에 왜 쓰는지' 의미를 부여하는 주체의 중요성을 다룬다. 만렙 소비자는 본인의 소비에 기준과 의미를 스스로 부여한다. 빈티지를 사고 못난이 농산물을 구매하는 것은 허리띠를 졸라매는 불황형 소비가 아니다. 내 삶을 스스로 꾸려 나가는 자긍심과 애착으로서 B급 소비를 살펴본다. 한편 3부에서는 1인가구의 소비에 대해서도 다루는데, 여기에 주목해야 하는 이유는 이들의 선택이 한정된 자원과 무한한 정보력 사이에서 치열하게 고민한 결과이기 때문이다. 1인가구가 몇 명이고, 얼마나 돈을 쓰는지가 아니라 어떤 고민 끝에 무엇을 선택했는지에 주목해보자.

현대인을 이해하기 위해 딱 3개의 질문만 해야 한다면, '누구와 함께 있는가?', '무엇을 보고 있는가?', '어디에 돈을 쓰는가?'를 물어볼 것이다. 성장을 꿈꾸는 개인이 선택한 관계는 무엇인가? 원한다면 24시간 온갖 콘텐츠를 즐길 수 있는데, 사람들은 과연 무엇을 플레이했는가? 사고 싶은 것은 많은데 돈이 없다고 말하는 개인은 어디에, 왜 돈을 쓰는가? '관계', '정보', '소비처'는 경기불황, 고물가, AI라는 키워드보다 인간 트렌드를 이해하는 데 적합한 앵글이다.

《2024 트렌드 노트》에 대한 첨언

〈습관의 소비, 경험의 소비, 지성의 소비, 그리고 습관으로 자리 잡고도 지루해지지 않는 방법〉

	습관의 소비	경험의 소비	지성의 소비
한 줄 요약	구매는 쉽게 일어나지만 브랜드 자산이 쌓이지 않는다.	대세감을 얻으면 한 번의 시도는 쉽게 일어나지만 재구매를 일으키기 어렵다.	인지에는 긍정적이지만 지성만으로는 구매를 일으키기에 충분하지 않다.
여행지에 비유하면	습관에 머문 속초	습관으로 승화하지 못한 전주	엄두가 나지 않는 한라산
브랜드에 비유하면	오래되고, 매출도 높고, 자산도 있고, 대한민국 사람 거의 모두 경험해보았지만, 무난함 외에는 별다른 이미지를 떠올리기 어려운 브랜드	트렌드에 동참하기 위해 줄 서서 사고, 줄 서서 들어가고, 그러고도 사지 못해 아쉬워했지만 대세감이 지나간 뒤 기억에서 사라진 브랜드	브랜드파워는 1등이지만 막상 엄두가 나지 않는 브랜드, 일상적으로 소비할 만한 엔트리 모델이 없거나 실제로 접하기 어려운 브랜드
과제	브랜딩 "소비자가 자신의 SNS에 이 브랜드를 언급할 이야깃거리"	재구매 "다시 찾을 이유, 다시 찾아온 2.0버전, 그렇게 계속 발전할 거라는 믿음"	접근성 "엔트리 모델, 머리로만 알지 않고 내 손에 쥘 수 있는 실체"
공통의 과제	– 브랜드가 대세감을 얻고 나도 경험해보고 싶다는 욕구를 자극하는 것은 중요하다. – 저 브랜드의 철학에 공감하고 더 알아보고 싶다는 지성을 자극하는 것도 중요하다. – 하지만 모든 브랜드의 목표는 반복적으로 구매하는 습관으로 자리 잡는 것이다.		

습관으로 자리 잡고도 지루해지지 않는 방법은 다음과 같다.[1]

1. 리추얼로 자리 잡기
맥도날드의 행운버거, 무신사의 무진장 세일

내 브랜드만의 프로모션을 각인시키는 것도 방법이고, 기존의 리추얼에 올라타는 것도 방법이다.

▶포인트 : 1월은 설 명절보다는 '한 해의 오프닝'이라는 리추얼로 접근하자. 계절과 절기는 언제나 유효한 리추얼!

2. 아는 것의 꿀조합
오뚜기 카레와 농심 튀김우동 레시피,

롯데제과와 끼리크림치즈 콜라보

특히 오래된 식품 브랜드가 주목해야 하는 방법이다.

▶포인트 : 동종업계 콜라보가 주목받는다. 경쟁사가 아니라 친구라고 생각하자.

3. 뾰족한 타깃의 감성을 자극하는 콜라보
스파오 캐릭터 수면잠옷, 스타벅스 NCT 콜라보,

공차 파이널판타지14 콜라보

콜라보를 한다면 해당 콘텐츠 덕후에 맞춤한 아이템을 선보여야

---

1 본문 예시는 2024년 생활변화관측소 급상승 브랜드(BRIN)에 오른 브랜드들이다.

한다.

▶포인트 : 비슷한 결의 콜라보를 반복하여 우리 브랜드의 추구미를 각인시키자.

4. 접근성을 높이는 버전업

수원 스타필드

가족 실내 나들이 장소라는 정체성을 지닌 스타필드는 수원점을 오픈하면서 다음 3가지 면에서 버전업되었다.

1) 자가용이 없어도 지하철로 접근 가능
2) 가족이 아니라 혼자서도 방문 가능
3) 장보기 채널에서 문화 콘텐츠 무대로 인식

5. 선물로 자리 잡기

희녹의 새해 에디션(라이프 에티켓을 표방하는 세제류),
복음자리 스프레드잼(트라이얼 키트 5종)

누구에게나 필요한 가장 일상적인 제품 카테고리가 선물로 자리 잡는다.

앞으로 브랜드파워는 선물 가능성으로 타진하자. 우리 브랜드는 선물하기 부끄럽지 않은 브랜드인가? 내 브랜드는 선물성(선물하는 사람의 센스를 보여줄 수 있고, 가격 부담이 없고, 사용자에게 쓸모 있음)을 지니고 있는가? 포장은 추가 비용을 받더라도 예쁘게!

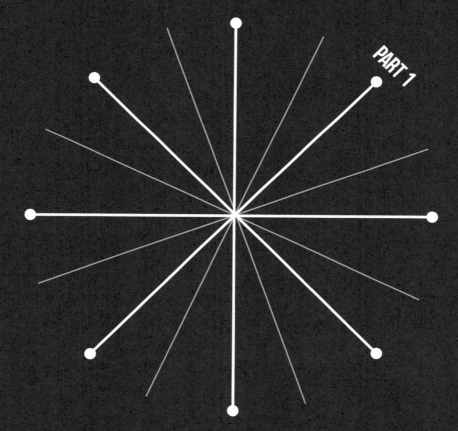

PART 1

새로운 삶의 방식

Chapter 1

비유적으로 표현하면 '엄마가 없는' 시대다. 나에게 잔소리하는 동시에 나를 돌봐주는 엄마가 사라졌다.

케어의 아웃소싱_박헌영

시도하는 맛, 찾아가는 놀이, 즐거운 관계

2020년부터 2023년까지, 코로나를 거치면서 사람들이 더 많이 사용한 서술어가 6개 있다. '맛있다', '먹어보다', '다녀오다', '깔끔하다', '함께하다', '즐기다', 예전에도 있었고 일상적으로 많이 사용하는 표현이다. 이 용언들을 사람들이 왜 더 많이 사용하게 되었는지 살펴보면 우리 사회의 변화 방향을 가늠할 수 있다.

첫 번째, '맛있다', '먹어보다'는 한국사회에서 식문화의 중요성을 함의한다. '맛있다'는 4년간 500만 건 이상 발현된 큰 키워드임에도 여전히 상승하고 있다. '맛있다'라는 표현은 음식뿐 아니라 콘텐츠, 상황 등 다양한 것을 긍정 평가할 때도 사용된다. '이 콘텐츠 맛있다' 또는 '운동도 맛있다'와 같이 표현하는 것이다. 또한 '먹다'가 아니라 '먹어보다'가 상승했음에 주목할 필요가 있다. 한국사회가 새로운 음식에 대한 시도에 얼마나 열려 있는지 알 수 있다. 식품회사는 새로운 맛으로 사람들의 이목을 끌 수 있다는 희망도 있고 끊임없이 새로움을 소개해야 한다는 부담도 있다.

두 번째 상승한 용언 그룹, '다녀오다'와 '깔끔하다'는 한국의 놀이 문화가 코스를 짜서 상업공간을 방문하는 것으로 대표됨을 함의한다. '다녀오다'는 4년간 300만 건 가까이 발현된 큰 키워드다. 그럼에도 계속 상승했다. '가다'가 아니라 '다녀오다'라는 점에 주목하자. '다녀오다'는 반복적 방문이 아니라 새로운 장소에 한 번 갔다 오는 경험적 방문을 뜻한다. '먹어보다'와 비슷하게 시도와 경험의 맥락을 품고 있다. 이런 환경에서는 어느 브랜드든 팝업을 열면 일단 방문객을 확보할 수 있다. 하지만 두 번째 방문을 얻어내기는 쉽지 않다. 한 번의 시도는 하게 할 수 있는데 상대적으로 로열 고객을 확보하기는 어렵다는 뜻이다. 새로운 곳, 새로운 브랜드, 새로운 맛, '나도 해보았다'고 말해야 할 것들이 너무 많다. 브랜드 입장에서는 첫 방문과 재방문 유도 전략을 동시에 짜야 한다.

'깔끔하다'는 방문한 공간을 평가하는 언어다. 교통도 좋고(접근성), 인테리어도 훌륭하고, 음식과 콘텐츠, 직원의 태도까지 문제가 없을 때 내리는 결론이 '깔끔함'이다. 오늘날의 소비자는 모두 공간 전문가다. 공간 방문 경험이 많아지고 공간의 수준도 올라가서 어딜 가든 감동받기보다는 '문제가 없군. 깔끔하네'라고 평가하는 경우가 많아졌다.

세 번째 상승 그룹, '함께하다'와 '즐기다'는 '먹어보다', '다녀오다'와는 사뭇 다른 이유로 증가했다. 많이 경험해서 많이 말하는 게 아니라 오히려 희소해서 더 중요하게 여기게 된 상황을 표현한 것이다. 4인가족이 기본 단위이고 밥과 술은 으레 함께 먹는 것이라 여기는 사회에서는 '혼자', '1인'이 트렌드가 된다. 10년 전 '혼밥', '혼술', '혼코노' 같은 '혼' 키워드가 떴던 이유다. 기존에는 뭐든 함께하는 게 당연했는데, 새롭게 혼자만의 즐거움을 배우면서 표현했던 것들이다. 하지만 이제는 누구나 혼자라는 경험에 익숙하다. 그래서 반대급부로 '함께하다'라는 말이 특별하게 사용된다. 특히 코로나19는 함께하는 것이 더 이상 기본값이 아니라고 가르쳤다.

〈팬데믹 4년간 언급량이 급등한 용언〉

용언	특징	함의	함의
맛있다	500만 건 이상 발현된 큰 키워드	한국사회 식문화의 중요성 함의 – 맛있다 : 음식에도 쓰지만 콘텐츠 등 다양한 것을 긍정 평가할 때 사용 – 먹어보다 : '먹다'가 아니라 '먹어보다'가 상승했음에 주목. 새로운 음식에 대한 시도에 열려 있음	시도하는 맛
먹어보다	150만 건 이상 발현		
다녀오다	300만 건 가까이 발현된 큰 키워드	한국사회 놀이 문화는 코스를 짜서 상업공간을 방문하는 것으로 대표됨 – 다녀오다 : '가다'가 아니라 '다녀오다'임에 주목. 반복적 방문이 아니라 새로운 장소에 경험적으로 방문 – 깔끔하다 : 방문한 공간을 평가하는 언어. 접근성, 인테리어, 음식, 직원의 태도, 콘텐츠까지 문제가 없을 때 내리는 결론	찾아가는 놀이
깔끔하다	100만 건 이상 발현		
함께하다	100만 건 이상 발현	희소해서 중요해지는 상황을 표현 코로나19가 가르친 중요한 교훈의 표현어 누구와 함께하고 있다는 상황이 특별해지고, 즐거운 관계가 아니라면 함께하지 않음을 시사함	즐거운 관계
즐기다	100만 건 이상 발현		

출처 | 생활변화관측소, 블로그+엑스+커뮤니티, 2020.01.01~2023.12.31

누군가와 같이하는 순간이 특별해지고, 따라서 누구와 함께할지가 신중하게 선택되었다. 즐거운 관계가 아니라면 함께하지 않는다. 나는 누구와 함께 밥을 먹는지 관찰해보자. '혼자' 먹는 옵션이 있는데 굳이 즐겁지 않은 관계와 같이 먹을 필요는 없다.

생활변화관측소에서는 생활의 변화를 보기 위해 언어, 그중에서도 용언의 변화를 관찰하고 그에 기반해 넥스트 어젠다를 선정한다. 2025년을 준비하면서 우리는 '식'(食)을 보고, 사람들이 제 발로 찾아가는 '공간'을 보고, 누구와 함께하는지 '관계'를 볼 필요가 있다. 이 중에서 관계는 산업의 잣대가 아니다. 식은 식품회사, 공간은 건축, 인테리어, 디벨로퍼 회사가 있지만 관계 산업을 하는 비즈니스는 딱히 떠오르지 않는다. 그러면서 동시에 모든 산업이 '관계'와 연결돼 있다. 관계는 비즈니스 페르소나를 그릴 때 고려하는 가장 중요한 축 가운데 하나다. 마케팅 커뮤니케이션에서 브랜드는 소비자와 관계를 맺어야 한다. 그렇다면 이 시대 한국 사람들은 누구와 어떤 관계를 맺고 있는가?

관계의 변화 : 누구와 함께하는가

함께하는 관계의 고전은 역시 친구와 가족이다. 그중에서도 지난 5년간 상승폭이 가장 컸던 관계는 가족이다. '가족'은 팬데믹을 거치면서 함께하는 장면에 더 많이 등장하기 시작했다. 2019년과

2023년을 비교하면 3등에서 2등으로, 비중으로는 17%에서 26%로 9%p 상승했다. 가족은 원래 중요했지만, 코로나를 겪으면서 같이 사는 사람의 소중함을 새삼 깨닫게 되었다. 함께하는 대상으로서 '가족'은 2023년 1위인 '친구'와 거의 비슷한 비중을 차지했다.

엄마도 가족이고 아이도 가족이지만, '가족'과 가족 구성원을 구별한 점에도 주목하자. '카페에서 엄마와 함께한다'와 '가족과 같이 시간을 보낸다'는 표현은 엄연히 다르다. 후자는 가족 개별 구성원과의 관계가 아니라 우리 가족을 한 단위로 본다. 가족 안에는 전형적 관계인 아빠, 엄마, 아이도 있을 수 있지만 다른 구성원이 있을 수도 있고 반려동물도 포함될 수 있다. 함께 있는 단위로서의 가족은 이른바 '정상가족'이라 불리는 가족 구성원을 모두 갖추었음이 아니라, 가족이라는 안온함을 공유하는 집단 속에 내가 위치하고 있음을 강조하는 표현이다.

가족 언급량이 늘어난다면 앞으로 3년 안에 1위인 친구를 대체

〈'함께하다' 연관 대상 순위〉

	2019년		2020년		2021년		2022년		2023년
1	친구	1	친구	1	친구	1	친구	1	친구
2	아이	2	가족	2	아이	2	아이	2	가족
3	가족	3	아이	3	가족	3	가족	3	아이
4	엄마	4	엄마	4	엄마	4	엄마	4	엄마
5	언니	5	언니	5	언니	5	선생님	5	선생님

출처 | 생활변화관측소, 블로그+엑스+커뮤니티, 2019.01.01~2023.12.31

하게 될까? 그렇지는 않을 것이다. 친구를 만난다고 해서 가족이 필요 없는 게 아니다. 친구와 가족은 경쟁하고 대립하는 존재가 아니라 함께 비중을 넓혀가는 존재가 될 것이다. 친구와 가족을 브랜드에 비유하면, 이 둘은 경쟁 관계라기보다는 포지셔닝이 달라서 모두에게 반드시 필요한 2개의 브랜드라 할 수 있다. 친구와 가족의 감성어를 비교해보면 각각이 주는 가치가 다르다는 사실을 확인할 수 있다. 친구에 붙는 감성은 '재미있다', '귀엽다', '가고 싶다'인 반면 가족은 '만족하다', '행복하다', '편하다' 같은 키워드가 두드러진다.

"오랜만에 친구랑 소품샵이랑 카페 갔다 와서 즐거웠답니다:) 갈 때마다 둘이 끙끙 앓느라 정신 없어요 ㅠㅠ 어울리는 귀여움이 달라서 서로 찾아주기도 하고요 ㅋㅋㅋㅋ 너무 재밌었어요!"
"가끔은 티격태격해도 결국 그건 같이 있으면 마음이 편하단 증거잖아. 서로 부족한 부분을 채워주고 외로울 때 같이 있어주면 그게 가족이고 행복이잖아."

취향이 비슷한 친구와는 가고 싶은 곳이 많다. 재미있고 귀여운 것을 함께 찾아다닌다. 무엇을 재미있고 귀엽게 여기는지, 재미와 귀여움에 어느 정도 가치를 부여하는지, 그 정서를 공유하는 존재가 바로 친구다. 이와 달리 가족은 함께 쌓아온 시간이 있어 편안한 존재다. 가끔 다투는 일이 생겨도 가족의 소중함을 모르지 않는다. 이들에게서 얻는 행복감과 만족감은 가족 아닌 다른 대상에게서 채우기 어렵다. 특히 코로나는 가족이 주는 만족감과 행복, 편안함을 명시적으로 느끼는 계기가 되었다. '가족'과 '친구'의 긍부정률을 비교해봤을 때 친구의 긍정 비율은 60.3%, 가족의 긍정 비율은 70%가 넘는다. 둘 다 긍정적인 이야기가 대부분이지만 가족에 대해 말할 때 특히 긍정적인 의미가 많이 붙는다.

요즘 젊은 사람들이 새로 가족을 만들지 않고 혼자 산다는 이유로 이들이 더 이상 가족을 중요하게 여기지 않는다는 시선이 있는데, 결혼하지 않은 20~30대 자녀는 50~60대 부모와 좋은 관계를 유지한다. 같이 살지는 않더라도 이들 자녀에게는 원가족이 유일한 가족이다. 혼자 살수록, 결혼하지 않을수록 원가족과 끈끈해질 가능성은 더 높다. 정보력을 가진 자녀 세대와 경제력이 있는 부모 세대는 서로를 필요로 하며, 두 힘이 결합했을 때 시너지효과를 낸다. 자녀 세대가 결혼하더라도 마찬가지다. 자녀 세대의 결혼 준비, 신혼 시기, 자녀 양육에 부모 세대의 역할은 필수적이며, 부모 세대와 함께하는 시간은 오히려 늘어난다. 이렇게 과거보다 더 크고, 더 절실하고, 더 끈끈한 '함께하는 가족'이 형성된다(함께 산다고 하지는 않았다). 핵가족을 넘어 1인가구 시대가 된다고 해서 가족의 의미가 줄어드는 것이 아니라 오히려 더 커진다는 점을 기억하자.

'함께'가 필수가 아닌 시대에 '함께하는' 친구와 가족의 데이트 장면을 이제부터 면밀히 살펴볼 것이다. 마케터 입장에서는 우리 브랜드나 제품이 놓여 있어야 할 트렌드 장면이라 할 수 있겠다.

취향의 단짝 친구

가족과 아무리 사이가 좋아도 친구들끼리만 노는 코스가 있다. 대한민국 10대의 코스는 마라탕-탕후루-코인노래방-인생네컷- 다이소로 마무리된다. 'K-MZ 국룰 코스'라 불리는 10대 친구들의 코스는 부모 세대인 40~50대가 함께하기에는 취향과 입맛, 체력과 건강이 허락하지 않는다.

> "요새 아이들은 마라탕에 꿔바로우를 먹고 왼손엔 탕후루 오른쪽엔 버블티 들고 다니며 먹고 코노 때리면서 소화시키고 인생네컷 찍은 후에 다이소 가서 쇼핑이란다."
> "조카들 데리고 마라탕〈탕후루〈다이소 쇼핑〈버블티〈인생네컷까지 엠지코스 찍고 왔다. 돈과 체력까지 탈탈 털려 옴…ㅋ"

대한민국 10대의 코스는 빅데이터의 결과와 스몰데이터, 1인의 데이터가 일치한다. 빅데이터를 돌려도 마라탕, 탕후루, 코인노래방, 인생네컷, 다이소가 나오고, 아는 10대 한 명에게 물어봐도 같은 답이 나온다. (탕후루는 2024년 말 하락세를 보인다. 탕후루는 맵고 자극적인 음식 후에 먹는 매우 단맛의 다른 디저트로 대체될 가능성이 크다. 요거트 아이스크림을 주목할 만하다.) 아는 10대가 없다면 동네에서 가장 큰 학원 빌딩을 올려다보자. 2층부터 학원, 꼭대기 층에는 스터디카페가 있고, 1층에는 마라탕, 그 옆에 탕후루, 지하에는 코인노래방, 건

케어의 아웃소싱

물 뒤로 돌아가면 인생네컷이 나온다. 다이소는 학원과 같은 건물에 있지 않더라도 걸어갈 수 있는 거리에 존재할 가능성이 크다. 생활반경이 좁은 10대의 코스는 동네에서, 그것도 한 블록 안에서 해결할 수 있는 것들로 짜여진다.

생활반경은 좁지만 꿀맛 나는 무언가를 먹고, 추억을 남기는 사진을 찍고, 득템 쇼핑을 하는 행동은 빠짐없이 이루어진다. 다이소에서 여러 가지 물건을 부담 없이 구경하고 구매하는 득템의 가치는 과거 문방구가 제공하던 것이다. 인생네컷에서 친구들끼리 사진을 찍고 추억을 나눠 갖는 행위는 과거 스티커사진이 발전한 형태다. 마라탕은 떡볶이의 진화 버전이다. 매운맛, 학원 근처 분식집 역할, 학생들끼리 방문, 떡볶이 토핑을 고르듯 마라탕 재료를 고르는 행위까지 똑같다. 심지어 마라탕집의 위치도 떡볶이집이 있던 그 자리 그대로인 경우가 많다. 만약 떡볶이집을 하던 사장님이 마라탕으로 업종을 바꾸었다면 전략적으로 성공한 케이스다. 마라탕의 후식, 탕후루는 1990년대생들의 달고나에 해당한다. 행태는 변화해도 추구하는 가치는 변함이 없다. 그런 면에서 세대는 유효하다. 태어난 연도라는 숫자가 아니라 공통의 경험이 세대를 만든다. 시간이 지난 후에도 '당신은 스티커사진 세대인가요, 인생네컷 세대인가요?'라고 물을 수 있다. 먼 훗날 인생네컷 세대가 시니어타운에 들어갈 때쯤 되면 시니어타운에 인생네컷 사진기기를 설치해두고 광고에 활용할 수도 있을 것이다.

오늘날 10대의 놀이 문화를 보고 있으면 두 가지가 떠오른다. 첫

째, 10대의 놀이 문화에서 놀이터가 사라졌다. 놀기라는 목적 외에 다른 목적이 없는 빈 공간, 빈 시간이 존재하지 않는다. 특정 목적으로 꽉 채워져 있는 상업공간에서 다음 상업공간으로 이동하는 것이 지금의 놀이 문화다. 공간마다 목적성이 분명하고 비용도 명확하다. 비용을 지불하지 않으면 놀 수 없으며 비용을 지불하지 않고 머물 수 있는 공간도 없다. 이는 봉지 과자 소비에도 영향을 미쳤다. 봉지 과자는 놀이를 위한 공터에서 심심함을 메우는 군것질 거리의 역할이 컸다. 그런데 10대의 놀이 문화에 심심함과 공터가 존재하지 않게 되자 봉지 과자 소비도 줄어들었다.

둘째, 놀이 문화에 등장한 '코스'의 중요성이다. 코스는 여행코스, 산행코스에만 쓰는 것이 아니라 동네에서 친구를 만나 1시간을 놀더라도 짜야 하는 것이 되었다. 10대의 필수 코스가 마라탕과 다이소라면, 20대의 필수 코스는 팝업스토어와 카페다.

"성수에서 놀 계획! 1. 오전에 탬버린즈 2. 점심 – 파스타집(예약 가능한 식당 미리 예약) 3. 카페 – 맛있는 카페 갈지 엘피 듣는 카페 갈지 고민 4. 소품샵 2곳 – 포인트 오브 뷰(소품), 대발견(양말) 5. 샷업 – 위에서 찍는 네컷사진 찍기"
"오늘 다녀온 코스 : 마뗑킴 매장 – 모나미샵 – 카페 쎈느 – 스탠드오일 카페 – 성수연방 – 아모레 성수"

팝업스토어가 예전 같지 않다고 해도 여전히 잘되는 이유, 팝업스토어를 성수동에 열어야 하는 이유가 여기 있다. 팝업스토어 방문이 20대의 놀이 문화 중 하나로 자리 잡았다. 그 브랜드를 특별히 사랑해서도 아니고, 팝업스토어에 갔다고 그 브랜드의 팬이 되는 것도 아니다. 브랜드가 최선을 다해 준비한 최신의 공간을 경험하기 위함이다. 놀이로 자리 잡았기에 들르고 들르고 들르게 된다. 이런 마음으로 들른 사람에게 우리 브랜드를 각인시키려면 감동 포인트가 있어야 하고 좀 더 오래 머물도록 하는 놀거리가 필요하다. 팝업스토어가 성수동에 있어야 하는 이유는 같이 붙는 코스가 있을 때 소비자가 가성비 있다고 느끼기 때문이다. 우리 브랜드로 소비자를 유인하려면 브랜드 혼자 가지 않아야 한다. 화제의 팝업스토어가 우리 브랜드 옆에 있다면 우리 브랜드에도 들를 가능성이 높아진다. 같은 이치로 지역 여행을 활성화하기 위해서는 경쟁자처럼 보이는 인근 지역과 묶음 코스로 자리매김해야 한다.

코스가 일상화되고 일상이 여행화된다. 집을 나서는 순간부터 돌아오기까지 늘 코스를 짜고 효율을 추구한다. 시니어에게도 코스가 있을까? 시니어 커뮤니티에 나오는 '코스'는 트레킹코스, 여행코스, 산행코스, 산책코스로, 걷는 코스와 산에 가는 코스로 크게 나뉜다. 젊은 세대들처럼 일상적인 놀이 여정을 코스라 부르지는 않는다. 그러나 코스라 부르지 않을 뿐 놀이의 여정은 있다. 시니어의 일상 코스는 공원에서 바둑이나 장기를 두고, 걷기 특히 맨발 걷기를 한 후 자판기 커피 마시기로 마무리된다. 현재의 젊은 세대가 온라인 게임이나 덕질을 통해 누군가와 연결되고 느슨한 우정을 유지하는 것처럼 현재의 시니어는 오프라인(공원)에서 바둑과 장기를 두며 세상과의 연결감을 느끼고 있지 않을까? 오프라인 대 온라인, 바둑·장기 대 게임·덕질로 종목은 바뀌었지만 느슨한 우정을 나누고 세상과의 연결감을 느끼는 것은 같다. 다시 말하지만 행태는 달라져도 추구하는 가치는 변함이 없다.

시니어가 '코스'라고 명시적으로 말하는 특별 코스는 산행과 여행길이다. 산과 여행은 시니어에게 자신감을 준다. 자신감은 두 가지 결로 나타나는데 하나는 가족·친구와 함께한다는 데서 오는 자신감, 다른 하나는 체력 면에서 얻는 자신감이다. 사위와 함께 한라산 영실 철쭉꽃을 보러 가서 예정된 등반 코스를 완주한 사람의 자신감은 사위가 자신을 초대해줬다는 네트워크의 건재함, 한라산 등반 코스를 완주했다는 체력의 여전함에서 나온다.

시니어 대상 마케팅을 하는 사람은 세대의 특성과 시니어의 특성을 구분할 필요가 있다. 앞서 말한 바둑과 장기는 오늘날 시니어 세대의 특성이다. 시니어가 된다고 누구나 바둑과 장기를 좋아하게 되지는 않을 것이다. 그 세대의 놀이 문화를 반영해야 한다. 반면 네트워크와 체력에서 자신감을 얻고자 하는 열망은 모든 시니어에게 적용된다. '세대의 놀이 문화 더하기 자신감 충전시켜 주기', 시니어 대상 마케터의 금언이다. 사람들은 '그냥' 움직이지 않는다. 어떤 코스든 이유가 있다. 우리 브랜드는 어떤 타깃의 코스에 포함되었는가? 우리 브랜드를 찾아오는 앞뒤로 가는 곳은 어디인가? 나를 위해서라도 옆집을 육성하자.

가장 완벽한 루트로 모시는 가족

가족의 데이트 코스는 외식-산책-아이스크림으로 요약된다.

"쉬는 날답게 가족들이랑 꽃 보고 병원도 가고 장보고 손에 짐 한 개
아이스크림 한 개 들고 산책하다가 집에 왔음 이제 낮잠을 잘 계획이
야 요게 행복이 아닐까"

가족의 코스는 그림자 사진으로 대표된다. 가족의 코스가 그림자
인 이유는 대단한 장소에 간 것도 아니고 대단하게 준비를 해서 나
간 것도 아니기 때문이다. 그럼 사진을 찍지 않을 수도 있었을 텐
데 얼굴도 나오지 않는 그림자 사진을 굳이 남기는 이유는 '함께 있
음'을 보여주고 싶기 때문이다. 우리 사회에서 '가족과 함께 있음'
이 드러낼 만한 가치를 획득한 것이다. 결혼도 하지 않고 연애도 하
지 않는다고 하는데 '데이트'는 여전히 뜨고 있다. 월 1만 건이 넘는
큰 키워드이고 코로나19 이후 지속적으로 상승하여 2024년 월 2만
5000건까지 발현되었다. 데이트는 누가 하는 것인가? 데이트는 반
드시 연인들만 하는 것이 아니다. 데이트 연관 대상 1등은 친구, 2
등은 가족이다. 가족과의 데이트는 지속 상승하여 2023년을 기점
으로 남자친구를 역전했다. 동네 파스타집 블로그를 한 개만 찾아
보라. 어린 자녀 또는 부모님과 함께 방문하며 이를 '데이트'라 표
현하는 글을 쉽게 발견할 수 있다.

가족과의 데이트에서 빠지지 않는 아이스크림도 특이사항이다. '#올때메로나'라는 밈이 있다. 가족 중 누군가 밖에 나가면 올 때 메로나 사 오라고 말하는 장면이 밈으로 굳어진 것이다. 특정 상황과 특정 먹거리가 짝을 이루는 경우가 있다. 경험적으로 유추 가능하고, 빅데이터 페어링 지수를 돌려도 도출된다. 데이트의 파스타, 회식의 삼겹살, 기분 전환의 커피, 캠핑의 펩시제로, 그리고 가족과의 데이트에 아이스크림, 그중에서도 막대 아이스크림 메로나가 짝이다. 혹시 5년 안에 자영업을 고려한다면 동네 맛집에서 두 블록 떨어진 곳에 무인 아이스크림점을 운영하면서 프로모션으로 메로나를 걸어두는 전략을 추천한다.

일상적인 순간들을 나누며 작은 행복을 만들어가는 가족 데이트가 있는가 하면, 가족여행 역시 중요한 장면으로 떠오른다. 자녀 세대의 정보력과 부모 세대의 경제력이 결합한 가족여행은 전형적인 여행의 한 형태가 되었다. 자녀 세대의 가족여행 준비는 철저하고 완벽해야 한다는 강박으로 이어진다. '이런 말이 나오지 않게 해야 완벽한 코스다'라는 말이 있을 정도다. 반대로 가족여행에 동참하는 부모 세대에게는 이런 말을 하지 말아야 한다는 지침이기도 하다.

가족여행 갈 때 공지사항

1. 아직 멀었냐 금지
2. 음식이 달다 금지
3. 음식이 짜다 금지

4. 겨우 이거 보러 왔냐 금지

5. 조식 이게 다냐 금지

6. 돈 아깝다 금지

7. 이 돈이면 집에서 해 먹는 게 낫다 금지

8. 이거 무슨 맛으로 먹냐 금지

9. 이거 한국 돈으로 얼마냐 금지

10. 물이 제일 맛있다 금지

　한국 어르신들의 말투에는 어떤 공통점이 있다. '음식이 맛없다'가 아니라 '이 돈이면 집에서 해 먹는 게 낫다'는 식의 언어 코드도 연구 대상이지만, 여기서는 이런 말이 나오는데도 부모와 자녀가 함께 여행을 간다는 사실에 주목해보자.

> "언젠가 **자유여행**으로 가족여행을 계획했었다. 내가 혼자 계획 짜고 **가이드 노릇** 하느라 쉽지 않았고 그게 서투르니 부모님도 고생하셨는데 그래도 그때가 가장 좋았고 기억에도 많이 남는다고 고맙다고 그래서 진짜 **주먹 물고 처울었어**" (강조는 필자)

　효도여행이라 부를 수도 있지만, 자녀가 비용을 지불해 부모의 단체 여행 패키지 상품을 구매해주는 과거의 효도여행과 지금의 여행은 분명한 차이가 있다. 차이는 여행 경비를 내는 사람이 자녀가 아니라 부모일 가능성이 높다는 점, 자녀가 부모를 보내드리는 것이 아니라 '함께' 간다는 점, 그리고 패키지가 아니라 자유여행이라는 점이다. 지금의 부모 세대는 자유여행에 대한 향수를 안고 있다. 1989년, 정부가 해외여행을 전면 자유화했다. 1960년생이 서른, 1970년생이 스무 살 되던 해다. 이 세대에게 '해외 자유 배낭여행'은 단어 하나하나가 로망이다. '해외'로, '자유'롭게, '여행'을 떠난다는 것 자체가 스물 혹은 서른에 처음 만난 새로움이다. 이 새로움을 모두가 갈망했지만 모두가 경험할 수 있었던 것은 아니다. 로망은 훗날 디지털 네이티브 자녀 세대의 정보력에 의해 실현되었다.

여행의 동반자가 엄마만이 아니라는 점도 주목할 만하다. 2019년 〈생활변화관측지〉에서 모녀여행이 3년째 꾸준히 증가하고 있으며, 모녀여행뿐 아니라 모녀 데이트, 모녀 커플룩, 모녀 사진촬영도 증가 추세에 있다는 내용을 다룬 적이 있다. 당시 제호의 헤드는 '모녀의 시대 – 함께 여행가는 유일한 가족 관계'였다.[1] 2020년 코로나로 모녀여행만이 아니라 그 어떤 여행도 자유롭지 않게 되었다. 코로나가 끝나고 뚜껑을 열어보니 모녀여행이 다시 돌아온 게 아니라 확장되어 가족여행이 부상했다. 가족이 여행 갈 만큼 가깝고 중요한 하나의 단위가 된 것이다.

가족관계에서 느끼는 감정은 어떤 관계보다 격하다. 앞의 인용에 나온 '주먹 물고 운다'는 표현은 만화의 한 장면을 연상시킨다. 성인이 울음을 애써 참는 상황을 표현한 것이다. "아버지가 병원 다녀

---

1 "모녀의 시대-함께 여행가는 유일한 가족 관계", 생활변화관측지 Vol. 4.

오시는 길에 식당에 들렀는데 키오스크 앞에서 눈도 잘 보이지 않고 물어볼 사람도 마땅치 않아 그냥 나오셨다는 이야기를 듣고 주먹 물고 처울었다", "피곤해서 엄빠(엄마 아빠의 줄임말)한테 짜증도 많이 내고 그랬는데 엄마아빠가 갔다 와서 너무 좋았다고 밥도 다 맛있었고 료칸도 온천도 너무 좋았다고 그래서 진짜 주먹 물고 처울었다" 등 부모 세대의 고충에 애틋해하거나 감사함에 감동하는 감정이 두드러진다. 친구나 연인 사이보다 가족 사이에서 격한 감정이 더 자주 표현된다. 한국사회에서 가족이 중요하지 않은 때는 없었지만 팬데믹 이후 사람들은 가족의 중요성과 필요성을 새삼 배웠고 명시적으로 느끼게 되었다.

비즈니스 차원에서도 가족은 중요한 마케팅 대상이다. 단, 가족을 보여주는 방식은 달라져야 한다. 요즘의 가족은 부모와 자녀로 이루어진 형태로만 구성된 것이 아니다. 색다른 성원들로 구성된 가족, 반려가족 등 다양한 형태의 가족을 수용해 시대성에 맞게 표현해야 한다. 과거의 권위적인 가족, 위계적인 부모의 모습은 이 시대의 가족상과 거리가 멀다. 사람들이 바라는 가족의 모습은 '데이트하는 가족'이다.

이와 더불어 가족을 연상시키는 것도 전략이 될 수 있다. 가족을 소중히 여기는 사람이 애인 같은 남자보다 멋있고, 가족만큼 편안한 사이가 애끓는 연애 사이보다 이미지가 좋다. 최근 연애 프로그램에서 매력적인 출연자를 섭외하기 위해 인스타그램에 가족사진을 올리는 사람에게 연락한다고 한다. 사실 여부를 떠나서 화목한 가정에서 성장한 사람, 가족을 SNS에 올릴 만큼 소중히 하는 사람이 연애 상대로도 매력적이라는 방증이다.

코로나 이후 화목한 가족은 선망의 대상이 되었다. 그 안에서 성장한 사람, 화목한 가족을 소중히 여기는 사람이 환영받으며, 가족과의 데이트 장면은 인스타그램에 올릴 만한 콘텐츠가 되었다. 새로움을 보여주고자 하는 마케터라면 성수동 카페 투어를 같이 가는 친구가 아니라 서로를 가족이라 부르는 친구를 대표 이미지로 활용하라고 추천한다. 근처에 살거나 같이 살면서 함께 장 보고 즐거움만이 아니라 아픔도 같이 나누는 친구들. 시대에 따라 냉장고 광고 모델이 여성 주부에서 싱글 남성으로, 대가족에서 1인가구로 바뀌었다. 이제는 혈연이 아니라 자발적으로 선택한, 가족을 지향하는 가족 같은 관계가 등장할 때가 되었다.

24시간 카톡하는 선생님

함께하는 관계로 고전적인 친구와 가족에 이어 '선생님'을 말할 차례다. 선생님은 '함께하다' 연관 대상으로 2022년 순위권에 처음 진입해 2023년에도 떨어지지 않고 있다. 여기서 말하는 선생님은 학교 선생님이 아니라 어른이 만나는 또 다른 분야의 전문가 선생님이다. 상승률이 가장 큰 선생님은 '트레이너 선생님', '원장 선생님', '디자이너 선생님' 순이고, 양적으로는 '의사 선생님', '간호사 선생님', '학원 선생님' 순이다.

이 시대에 함께하는 선생님의 특징은 주어진 만남이 아니라 내가 선택한 관계라는 점이다. 운동(특히 헬스), 뷰티, 의료(특히 피부과), 공부 등 분야는 다양하지만 호칭은 공통적으로 '선생님'이다. 헬스라면 '코치님'이라 할 수도 있고, 미용실은 '원장님'이라 할 수도 있

〈이 시대 선생님의 분야와 특징〉

	분야	특징	요청 사항
트레이너 선생님	운동	– 일대일 PT 선생님 – 가장 자주 만나고, 일상에 가장 많이 개입한다. – 다정하고 정확하다.	"선생님, 저를 붙잡아 주세요."
원장 선생님 디자이너 선생님	뷰티	– 미용실, 네일아트 디자이너 선생님 – 월 ○회, 예약제, 일대일로 만난다. – 나의 변화를 포착하고 내 이야기를 들어준다.	"선생님, 제 말을 들어주세요."
의사 선생님 간호사 선생님	의료(뷰티)	– 미용 관련 피부과 선생님이 다수 – 뷰티 분야 선생님과 유사(월 ○회, 예약제, 일대일) – 친절하고 정확하다.	"선생님, 저를 안심시켜 주세요."
학원 선생님 과외 선생님	공부	– 구몬 학습지, 자격증 강사 선생님 포함 – 매일의 숙제 제시, 숙제 검사, 칭찬과 독려가 핵심이다.	"선생님, 제게 숙제를 내주세요."
공통점	– 정해진 시간 동안 나만 바라본다. (그렇게 하기로 계약을 맺었다.) – 나를 잘 알고 있다. – 나에게 맞춤 솔루션을 제공한다. – 내 손에 한 줌의 성취감을 쥐여준다.		

을 텐데 트레이너 선생님, 디자이너 선생님 등 '선생님'을 붙이는 게 일반적이다. 이 선생님은 나와 돈을 주고받는 관계로, 계약된 일정 시간 동안 일대일로 나만 바라본다. 돈을 주고받는 상업적인 관계이므로 형식적일 것 같지만 그 누구보다 솔직하고, 그 누구보다 많은 것을 공유하며, 그 누구보다 나를 잘 알고 있다. 독서모임에서는 직업과 나이를 공유하지 않을 수 있지만 트레이너 선생님에게 나이를 비밀로 할 수는 없다. 선생님은 나의 하루 식단, 거의 누구에게도 말하지 않는 신체 지수까지 알고 있다. 내 직업이 무엇이고 어떤 자세로 일하며 어떤 일과를 보내는지 알아야 나에게 맞춤 솔루션을 제공할 수 있다. 선생님은 나에게 일지를 쓰게 하고, 미션을 주고, 특정 음식을 먹게도 하고 먹지 못하게도 한다. 나는 그렇게 해달라고 선생님에게 대가를 지불했다. 어찌 보면 아이러니다. 내게 잔소리를 해달라고 돈을 지불하다니 말이다. 돈을 지불한 나의 개인 트레이너 선생님은 24시간 카톡할 수 있는 거의 유일한 관계이기도 하다. 다음 대화를 보자.

○○회원님과 ○○트레이너쌤의 오전 12:25~12:28분까지 3분의 대화

[회원님] [오전 12:25] 아 선생님 짜파게티 너무 먹고시퍼여

[트레이너쌤] [오전 12:26] ㅋㅋㅋㅋㅋㅋㅋㅋㅋ 이 시간에?

[회원님] [오전 12:27] 제발 제 멘탈 좀 잡아주세요 ㅜㅜ

[트레이너쌤] [오전 12:27] ㅋㅋㅋㅋㅋㅋㅋ 집에 사둔 거 있어요?

[회원님] [오전 12:27] 네…

[트레이너쌤] [오전 12:27] 내일 우리 하체 하잖아요

[회원님] [오전 12:27] ㅋㅋㅋㅋㅋ맞죠

[트레이너쌤] [오전 12:28] 드시면 정말 지옥을 보실 겁니다···

[회원님] [오전 12:28] ㅋㅋㅋㅋㅋㅋㅋㅋㅋㅋㅋㅋㅋ와

[트레이너쌤] [오전 12:28] 몸도 망하고

[회원님] [오전 12:28] 바로잡힘요

○○회원님은 짜파게티를 먹지 않으려는 의지를 다지기 위해 선생님에게 카톡을 했다. 말하지 않고 그냥 짜파게티를 먹을 수도 있었는데 말이다. 선생님에게 원하는 것은 짜파게티 먹을 것을 허락해달라는 게 아니라 먹지 않도록 본인을 붙잡아달라는 것이다. 밤 12시 25분에 카톡할 수 있는 사람이 몇이나 있을까? 혈연관계나 친한 친구 사이라 하더라도 답을 못 받거나 늦은 시간에 왜 연락하냐고 타박받기 십상이다.

관계는 점차 0 또는 1로 수렴한다. 기술의 발달은 거래하는 내내 한마디도 나누지 않는 0의 관계를 가능하게 한다. 동네 세탁소 아저씨와 대화하지 않기 위해 세탁특공대(세탁 수거 서비스)를 이용한다. 배달의민족 초기 반응도 다르지 않았다. 배달주문 전화하기가 너무 무서웠는데 주소 부르지 않아도 돼서 좋다는 것이 소비자가 느끼는 배달 앱의 최대 장점이었다. 식당의 주문 키오스크, 마트의 셀프계산대가 일반화되면서 이제는 주문하거나 계산할 때조차 직원과 한마디도 나누지 않는다. 외부와 지속적으로 거래하면서 대화

하지 않기가 매우 쉬워졌다. 매우 쉽게 느껴지지 않는 사람도 어쩔 수 없이 그런 방식에 적응해야 할 것이다.

이러한 환경 변화 속에서 반대급부로 언제든지 대화할 수 있는 관계는 특별해진다. 종이와 펜을 들고 와서 당신의 주문이 아무리 복잡하고 길어지더라도 다 받아주겠다는 자세로 경청하는 식당, 바 테이블에 앉아서 요리사나 바텐더와 대화할 수 있는 구조의 식당, 24시간 개인적으로 카톡할 수 있는 관계, 정해진 시간 동안 일대일로 마주볼 수 있는 관계의 가치가 올라간다.

트레이너 선생님보다는 드물게 만나지만 트레이너 선생님보다 더 오랜 기간 만날 가능성이 있는 헤어 디자이너 선생님, 네일 디자이너 선생님 역시 돈을 지불한 일대일의 관계로 서로 성장을 견인한다. 운동과 달리 헤어나 네일은 돈을 지불한 고객이 할 일이 없다. 고객은 머리나 손을 맡긴 채 1시간 내내 이야기할 수 있는 상황에 놓인다. 50대 여성 고객이 20대 디자이너 선생님 앞에서 속상한 이야기를 하면서 네일받는 1시간 내내 우는 일이 있었다. 네일아트 말고는 다른 이해관계가 전혀 없는 관계였기에 더 편하게 속내를 털어놓을 수 있었다. 고객은 우는 이야기를 들어주었으니 추가 지불을 하려고 했지만 디자이너 선생님은 그럴 필요가 없다고 했다. '그런 분 많으세요.' 네일아트는 가장 짧은 시간에 비교적 낮은 비용으로 확실하게 기분 전환할 수 있다는 이유로 10년 전부터 각광받기 시작했다. 확실한 기분 전환이라는 도구적 가치에 더하여 네일아트 디자이너 선생님과의 관계적 가치가 추가되었다. 네일아트를 수행하는 디자이너에게 예술적 기량만큼 중요한 능력이 공감하는 커뮤니케이션 능력이다.

30대 남성 고객이 30대 헤어 디자이너 선생님과 실험을 하고 있다. 두 사람은 한 번 보고 말 사이가 아니기에 이번에는 이런 스타일, 다음에는 저런 스타일로 고객의 최적 스타일을 찾아간다. 디자이너 선생님의 제안, 고객의 수용, 고객이 일상에서 받은 피드백 전달로 조율이 계속된다. 두 사람은 사적인 영역의 질문은 하지 않지만 서로 존중하면서 업을 연결고리로 이야기를 심화시켜 나간다. 단골로는 남성이 좋다는 사실(방문 빈도가 잦고, 스타일이 안 바뀌고, 만족도가 높다), 헤어팩은 쿠팡에서 이 정도를 사면 적당하다는 정보, 연예인 누구의 스타일은 파마가 아니라 드라이를 열심히 한 결과라는 이야기를 나눈다. 그저 가까워서 단골 미용실이 되었더라도 이쯤 되면 이사를 가도 일부러 찾아가는 사이가 된다. 미용실 위치가 아니라 디자이너 선생님이 중요해진다는 것은 '무엇'을 하는지가 아니라 '누구'와 하는지가 중요해졌음을 방증한다. 누구와 지속적인 관계를 맺을 것인가? 돈을 지불한 사이, 이야기를 주고받는 사이, 관리받는 느낌을 주는 사이, 매뉴얼대로 '어서 오세요'를 외치는 것이 아니라 '커피 드시겠어요?'라고 묻는 사이, 전문가로서 업을 수행하지만 나의 컨디션과 다음 스케줄을 고려하는 사람과의 관계가 중요해진다.

의사 선생님도 마찬가지다. 피부과 원장 선생님의 연관어로 '친절하다'가 '유명하다'를 역전했다. 원장 선생님의 실력이 좋아서 효과가 만족스러운 것은 기본 조건이다. 선택할 수 있는 실력 좋은 원장 선생님이 여럿이라면 그다음 선택 조건은 무엇이 될까? 솔직하게 이야기 나눌 수 있는 친절한 원장 선생님, 나의 시술 히스토리를 집중해서 들어주고 내게 맞는 시술을 추천해주는 원장 선생님이 유명한 원장 선생님보다 더 높은 가치를 인정받는다. 의사 선생님의 자질로 '솔직함', '친절함', '경청', '추천'이 중요해졌다. 일견 이러한 요건은 의사 선생님이 아니라 제품 리뷰하는 유튜버에게 요구되는 자질처럼 보인다. 리뷰어는 솔직하고 친절하게 제품을 리뷰하고 이런 사람에게 이런 제품이 적합하다고 맞춤 추천을 한다. 의사 선생님 역시 전문가적 소양으로 정확하게 진단하되 섬세하고 친절하게 다가가야 한다. 본인이 솔직한 만큼 상대방도 솔직하게 말할 수 있도록 편안한 분위기를 조성하는 것도 중요하다. 특히 피부과에서 이러한 변화가 두드러지는데, 미용 목적의 피부과는 한 번 가고 마는 것이 아니라 지속적인 관리가 핵심이기 때문이다. 관리가 반복되고 정기화되면 관리는 관계로 마무리된다. 사회 전반에 자기관리의 중요성이 커질수록 관리는 반복되고, 사람과 사람이 관계하는 서비스업은 일회성이 아니라 주기성으로 바뀐다.

이러한 변화는 서비스를 받는 개인이 서비스 그 자체보다 중요해졌기 때문이기도 하다. 서비스 퀄리티에 대한 평가는 서비스 자체의 훌륭함이 아니라 그 서비스를 받는 내가 얼마나 만족하는가에 의해 결정된다. 혁신을 판단할 수 있는 개인의 역량이 크지 않을 때는 '세계 최초', '세계적 권위자의 인정'처럼 개인과 무관한 사실에 의해 혁신의 가치가 정해진다. 하지만 개인의 삶이 중요해지고 개인의 선호가 판단기준이 되면 혁신의 연관어는 '삶의 질', '신세계', '3대 이모님'과 같이 '나에게 어떤 영향을 미치는가'로 귀결된다. 예컨대 로봇청소기는 '로봇'이라는 4차 산업혁명적 언어 때문이 아니라 당장 우리 집에 들여놓았을 때 나를 귀찮게 하던 머리카락을 말끔히 치워주어 내 삶의 질을 향상시켰고, 이를 내가 체감했고, 그리하여 '역시 신세계, 나에게 이모님 같은 존재야'라는 말이 나오게 했기에 혁신의 반열에 올랐다. 마찬가지로 선생님의 실력은 어느 대학교 졸업이나 어디 경력이라는 외부 자격조건에 의해서가 아니라 서비스를 받는 개인이 직접 체감할 때 입증된다. 개인이 체감하는 실력은 '친절함', '정확함', '나에게 맞춤'이라는 요소를 안고 있다. 따라서 친절하지 않은 선생님은 실력자 반열에서 멀어진다.

전문가 선생님이 친절해야 한다고 하면 서비스 제공자가 아니라 서비스받는 사람이 주도권을 쥐고 있는 것처럼 보이지만 반드시 그렇지는 않다. 좋은 리뷰가 999+인 선생님은 내가 선택하고 싶어도 할 수가 없다. 나도 그 선생님의 훌륭함을 알지만 내 차례가 돌아오지 않는다. 자신이 중요해진 개인은 선생님에게 '친절함'을 요구하지만, 친절한 선생님은 나 말고도 많은 개인이 원한다. 인간에게 남은 마지막 실력, 바로 '친절함'이다. 똑똑한 인간은 잡리스(jobless)가 될 수 있지만 다정한 커뮤니케이션이 가능한 인간은 미래까지 직업의 안정성을 보장받을 수 있다.

친절함에 이은 또 다른 시대적 요구는 '동등함'이다. 나와 함께하는 선생님은 내게 주눅 들지 않고, 나를 주눅 들게 하지도 말아야 한다. 서비스를 받는 개인이 중요해진 만큼 서비스를 제공하는 개인도 중요해졌기 때문이다. 어떤 면에서 이것은 손님의 요구이기도 하다. 서비스 제공자가 단순히 매뉴얼 암기자가 아니라 훌륭한 개인이기를 원하는 것이다. 식사라는 서비스를 생각해보자. 외식으로 한 끼를 해결하는 방법은 5000원짜리 편의점 도시락, 1만 3000원짜리 덮밥, 15만 원을 지불해야 하는 오마카세까지 다양하다. 편의점 도시락에는 서비스에 관해 아무것도 기대하지 않는다. 스스로 도시락을 집어서, 스스로 계산하고, 스스로 데워서 먹고, 스스로 치운다. 덮밥집에서는 '어서 오세요', '편한 자리 앉으세요', '주문하세요', '그릇 뜨거우니 조심하세요', '안녕히 가세요'까지 다섯 문장의 정해진 멘트와 불친절하지 않음을 기대한다. 셰프 선생님과 마주보는 15만 원짜리 오마카세를 갔을 때 내가 기대하는 것은 문 종소리에 반사적으로 외치는 '이랏샤이마세'가 아니다. '나'를 바라보고 '나'라는 것을 알아보고 '나'에게 눈을 찡긋하는 우리만의 암호다. 최고의 서비스에서 기대하는 것은 도구적 개인이 아니라 인공지능으로 대체할 수 없는 고유한 개인, '나'라는 고유한 개인을 알아봐주는 또 다른 고유한 개인이다.

애플 매장에서는 직원을 '지니어스'라 부른다. 업무 내용을 보면 일반 판매 직원과 크게 다를 바 없는 것 같은데 다소 과해 보이는 이름으로 불린다. 이들은 누구보다 애플 제품을 잘 알고, 누구보다 애플을 사랑하고, 마찬가지로 애플을 잘 알고 사랑하는 고객과 마

똑똑한 인간은
잡리스(jobless)가 될 수 있지만
다정한 커뮤니케이션이 가능한 인간은
미래까지 직업의 안정성을
보장받을 수 있다.

주 앉아 이야기할 수 있는 사람이다. 같은 눈높이에서 대화할 수 있는 사람, 진정한 서비스는 여기서 나온다. 명품 매장에 있는 세일즈 어시스턴트(sales assistant, SA)에게 요구하는 것 역시 관계다. 명품 매장 SA와 개인적 메시지를 주고받으며 브랜드에 대한 정보를 나눌 수 있으려면 VIP 이상이어야 한다. 이들 SA에게 요구되는 덕목은 고객을 왕으로 모시는 자세가 아니라 고객과 동등하게 대화할 수 있는 브랜드 지식과 애정이다. 아직은 판매 직원을 선생님이라 부르지 않지만 그러면 안 된다는 법은 없다. 언젠가는 판매 선생님이 될 것이다. 판매 선생님이 되기 위해 필요한 것은 의사 선생님, 트레이너 선생님에게 요구되는 것과 같은 '전문적 지식'과 '친절함' 그리고 '동등한 커뮤니케이션'이다. 고객은 왕이 아니고, 쿨한 서비스는 차가움이 아니다. 친절하고 다정한 커뮤니케이션이 가능한 전문가 사람과의 관계, 이 관계는 AI로 대체 가능하지만 AI의 가치가 인간보다 높지 않은 거의 유일한 영역이다.

엄마가 부재한 시대, 케어의 아웃소싱

관리로 시작해서 관계로 마무리되는 선생님의 서비스가 트렌드가 된 데는 시대적 특성과 세대적 특성이 있다. 시대적 특성은 비유적으로 표현하면 '엄마가 없다'는 것이다. 나에게 잔소리하는 동시에 나를 돌봐주는 엄마가 사라졌다.

엄마로 대표되는 외부적 권위는 나를 강제하면서 동시에 나를 이끌어준다. 회사에 들어가면 강제로 이렇게 일하고 저렇게 승진하던 시절, 이때쯤 결혼하고 이때쯤 이렇게 살아야 한다는 사회적 암묵지가 있던 시절, 개인이 운용해야 하는 자기만의 시간이 적던 시절에는 개인의 자율권이 크지 않았다. 지금은 외부적 강제가 적고 개인의 자율권이 크다. 스스로를 돌보고 성장시켜야 하는 시대에 개인은 돈을 주고 전문적 잔소리 서비스를 구매한다. 이 관계는 영원하거나 책임지는 사이가 아니다. 특정 기간 특정 부문에 대해 전문성을 제공받고 상호 관계를 유지하기로 계약을 맺는 것이다. 분화사회의 특성이기도 하고, 전문성 사회의 특성이기도 하고, 자본주의 사회의 특성이기도 하다.

돈으로 주고받는 관계는 깔끔하고 명확하고 돈독하며 착취적이지 않다. 옆집에 사는 이웃과 서로의 전문성을 교환하기로 계약했다고 하자. 나는 옆집 아이에게 수학을 가르치고, 이웃은 우리 아이에게 영어를 가르치기로 했다고 가정하자. 과외를 받는데 이웃이 갑자기 빵을 사오고 차를 내주기 시작하면 나는 무엇을 줘야 할지 고민이 생긴다. 이웃의 영어 과외 실력이 기대보다 못할 때 이 거래를 지속해야 하는지 끝내야 하는지, 끝낸다면 어떻게 끝낼 것인지 또한 애매하다. 돈을 주고 거래를 시작한 과외 선생님이라면 빵과 차는 바라지 않을 것이고, 실력이 기대에 못 미치면 거래를 연장하지 않으면 된다. 어떤 관계가 더 명확하고 깔끔한가? 또 다른 예도 있다. 모 방송국에서 결혼을 당연시하지 않는 요즘 세태를 취재하려고 한다. 작가는 지인 회사의 젊은 사원들을 인터뷰 대상자로 섭외한다. '젊어서 방송에 출연하는 것도 경험이지'라고 생각하고 정당한 대가, 즉 출연료를 지불하지 않는다면 이는 부당거래가 된다. 상대의 전문성에 돈을 지불하는 것은 정(情), 경험, 기회라는 이름의 착취보다 정당하다.

전문가 선생님의 서비스에 돈을 지불하는 게 트렌드가 된 세대적 특성은 지금의 젊은 세대가 어릴 때부터 학원 다니는 데 익숙하다는 것과 무관하지 않다. 학원의 방식은 지겨운 것이지만 이 세대에 익숙한 것이기도 하다. 이 세대는 이러한 방식의 효율성과 장점을 잘 알고 있어 어른이 되어서도 스스로를 학원에 보낸다. 자신이 번 돈으로 자신에게 학생의 지위를 부여하는 것이다. 어른이 돼서 하는 구몬 학습지, 자격증 학원과 시험, 트레이너 선생님이 부여하는 매일의 미션이 마음을 편안하게 한다. 회사에서 가장 어려운 피드백은 '이건 너무 창의적이지 않아, 엣지가 없어'와 같은 막연한 불만족이다. '네? 뭐라고요?' 가이드 없는 상사의 의중을 파악하는 것은 이 세대에게 가장 어려운 일이다. 오히려 보고서를 출력하여 이렇게 고치라고 빨간펜으로 빼곡하게 써주는 것을 선호한다.

친절한 인터넷 강의를 들으며 공부한 인강 세대, 학원과 과외 선생님의 철저한 관리를 받은 사교육 세대, 친절한 내비게이션의 지시를 받으며 운전한 세대의 요구는 두 가지다. 하나는 '나에게 숙제와 피드백을 주세요'이고, 다른 하나는 '나에게 효능감, 즉 손에 쥐는 결과물을 주세요'다. 이는 비단 젊은 세대만의 요구는 아니다.

한국의 주입식 교육을 받은 우리 모두는 명확한 가이드 아래에서 편안함을 느낀다. '정답은 없어요. 모두가 답이 될 수 있어요'보다는 '이 분야에서만큼은 내 말을 들어요. 내가 친절하게 가르쳐드릴게요'가 선호된다. 과거의 방식과 차이가 있다면 선생님이 카리스마와 공포로 끌고 가는 것이 아니라 잘 짜인 커리큘럼과 친절한 매너로 이끈다는 것이다.

예컨대 사주명리도 친절한 선생님, 줌 수업, 자격증 공부의 영역이 되었다. 사주명리는 개인이 태어난 연, 월, 일, 시에 준하여 개인의 특성을 설명해주는 일종의 해석학이다. 어떻게 보느냐에 따라서 통계 기반 과학으로 보이기도 하고 쌀알을 흩뿌리는 점술 이미지로 남기도 한다. 이러한 사주명리가 제2의 MBTI 후보가 되었다. MBTI는 16개의 분류 중 하나로 나를 설명해준다. 'MBTI는 과학이 아니'라는 심리학계의 주장에도 불구하고, 본인을 통계적으로 파악하고자 하는 욕구를 타고 MBTI 열풍은 식을 줄 모른다. 그 뒤를 이어 2024년에는 사주명리가 주목받았다. 사주명리에서 본인을 설명하는 팩터 중 하나인 일주(태어난 날)만 해도 60가지 분류가 나온다. MBTI보다 더 과학적으로 보이지 않는가? 사주명리 상담사 자격증 시험도 있다. 클래스도 있다. 사주명리 입문반을 모집하고, 철저한 교안을 준비하고, 매주 금요일 정해진 시간에 줌으로 수업을 한다. 클래스의 모토는 '사주명리의 모든 것을 밝고 산뜻하게.'[2] 지금의 세

---

2 티스토리 블로그 "안녕, 사주명리", https://yavares.tistory.com

대와 거리가 멀어 보이는 '사주'라는 주제의 접근방식에 지금의 트렌드가 다 들어 있다. 개인은 정해진 분류 틀거리 안에서 자신을 알고자 한다. 개인은 친절한 선생님에게 배우고자 한다. 친절한 선생님은 철저하게 교안을 준비하고 성실하게 강의한다. 강의는 적어도 3개월 이상 지속되어야 하며 무료가 아니다. 배움의 끝은 자격증으로 마무리된다. 자격증은 당장은 아니더라도 언젠가 돈을 벌 수 있다는 가능성을 안고 있다.

　뜨는 관계를 보면 트렌드를 알 수 있다. (데이트하는) 가족은 증가하지만 (잔소리하는) 친척은 내려간다. (오늘 함께 노는) 친구는 올라가지만 (미래를 약속하는) 남자친구는 올라가지 않는다. (돈을 받고) 일대일 관리 서비스를 제공하는 선생님과의 관계가 부상한다. 공통된 키워드는 케어와 관리, 성장과 피드백, 미션과 성취감이다. 왜 이와 같은 가치가 각광받는가? 요약적으로 말하면 엄마의 부재, 자율의 무게, 실패에 대한 두려움, 너무 많은 정보의 한계와 연결된다. 엄마로 대표되는 과거의 가치관이나 지혜라는 것이 있다면 현재에는 그런 것이 통용된다고 믿지 않고, 그러니 새로운 지혜를 찾아 나서게 된다. 지혜를 찾아야 하는 주체는 본인이고 그에 대한 책임도 본인이 져야 한다. 사회의 안전망은 실패에 너그럽지 않다(혹은 그렇게 인지된다). 너그러워 보이지 않는 사회에서 스스로 지혜를 찾아야 하는데 정보는 너무 많아 무엇을 믿어야 할지 모르겠고, 믿었다가 나와 맞지 않았던 경험도 했다. 아, 맞다, 선생님이 있었지. 선생님은 인생 전체의 전문가는 아니지만 특정 분야에 관한 한 전문가이고, 나를 바라보며 나에게 맞춤 솔루션을 제공할 것이다.

간단하게 아침식사를 예로 들어보자. 건강하게 '갓생' 살면서 다이어트에도 도움 되는 아침식사는 어떻게 해야 할까? 엄마에게 물어보지는 않을 것 같다. 엄마는 나를 잘 알고 나보다 인생 경험도 풍부하지만 엄마의 시대와 지금의 시대는 다르다고 여기기에 엄마보다는 인터넷에 물어본다. 인터넷에는 정보가 많다. 문제는 너무 많다는 것이다. 혈당 스파이크를 올리지 않는 아침식사, 영양제 한 줌으로 시작하는 아침식사, 미온수에 식초, 사과와 고구마, 아니 아니 과일은 혈당 스파이크를 올려서 안 된다는 또 다른 정보, 고구마는 탄수화물이라 안 된다는 정보, 공복 시간을 길게 유지하기 위해 아침은 걸러야 한다는 정보, 아니 아니 아침은 반드시 챙겨 먹어야 뇌가 활성화된다는 또 다른 정보, 뇌를 깨우기 위해 커피가 좋다는 정보와 아침 커피는 금물이라는 정보 옆에 아침 커피가 건강에 해를 끼친다는 논문은 없다는 쇼츠가 보인다. 이 많은 정보 앞에서 '아침식사는 나의 것이니 나 스스로 자율적으로 선택하겠어'라고 하면 좋겠지만 '아침식사는 잘 선택해야 해. 여기에 실패하면 하루가 실패야. 실패는 안 돼'라고 생각한다면 나에게 맞는 최적의 아침식사를 선택해줄 선생님을 찾는 수밖에 도리가 없다.

아침식사는 다소 과장된 예이지만 홈트가 지고 트레이닝 선생님이 뜨는 현상도 맥락은 다르지 않다. 스스로 몸을 관리해야 한다는 사회적 압박, 운동하기 어려운 코로나 상황에서 홈트가 부상했다.

코로나 직후 2021~22년까지 상승하던 홈트는 대세 트렌드로 정착되는 듯하다가 2023년 들어 하락세를 보였다. 매우 훌륭한 트레이닝 방식이지만 모든 사람에게 맞을 수 없고 조금만 무리해도 문제를 일으킬 수 있다. 결국 일대일 코칭을 받는 트렌드가 자리 잡았다. 그 결과가 데이터상에서 '함께하다' 연관어로 '선생님'의 증가, 그중에서도 '트레이너 선생님'의 증가를 가져온 것이다.

'우리' 중심에서 '나' 중심으로의 트렌드도 연관이 있다. 성공보다 성장, 자기계발보다 자기관리를 추구하는 흐름은 개인에게 초점이 맞춰져 있다. 성공은 우리 안에서 남을 제치고 선택되는 것인 반면 성장은 나를 중심으로 어제의 나보다 나아지는 것이다. 자기계발이 나를 외부의 자격조건에 맞추는 것이라면 자기관리는 나를 돌보는 것이다. 2024년 가장 부상한 여가 활동인 러닝의 모토도 달라졌다. 같이 뛰는 것은 친목을 위해서가 아니라 퍼포먼스를 위해서다. 같이 뛰는 것이 내가 성장하는 데 유리하다고 러닝크루가 말하고 있다. 코로나 이전부터 이어져온 '성장', '관리' 트렌드에 '훈련'이 더해졌다. 개인을 성장시키고 관리하는 데 도움이 되는 서비스, 방법론적으로 나를 훈련시키는 서비스가 뜬다. 세상이 성장하지 않아도 나는 나의 성장을 멈출 수 없다. 나는 AI보다 똑똑해질 수 없지만 그럼에도 성장하기에 인간이다.

이 이야기는 브랜드와 소비자의 관계에 대해 힌트를 준다. 우리 브랜드는 소비자에게 친구인가, 가족인가, 혹은 전문가 선생님인가? 포지셔닝을 어떻게 하느냐에 따라 소비자에게 주는 가치가 달라진다. 브랜드와 소비자의 관계가 친구라면 같은 놀이 문화를 공유하고 공감대를 넓히는 커뮤니케이션을 해야 한다. 에뛰드는 핫한 아이돌 그룹인 라이즈를 모델로 기용하면서 12년 전 에뛰드 모델이었던 샤이니를 상기시켰다. 친구와 어릴 적부터 함께 좋아했던 것들에 대한 추억을 떠올리게 하는 전략이다. 콜라보 맛집으로 불리는 스파오는 짱구, 달빛술사, 담곰이와 콜라보하고 아이템은 잠옷을 선택했다. 스파오가 자극하는 동년배 감성은 현재 20대 후반에서 30대 초반, 어려서 애니메이션 전문 채널 '투니버스'를 보고 자란 세대 감성이다. 이들에게 투니버스에서 방영했던 〈짱구는 못 말려〉, 〈달빛천사〉 등의 콘텐츠와 캐릭터는 과거의 추억을 넘어 현재진행형이다. 30대는 〈짱구는 못 말려〉 극장판을 여전히 소비하고, 짱구 콜라보 잠옷을 지금도 구입하고, 아빠가 되어서도 '짱구 아빠'가 보여준 긍정적인 면을 반추한다.

브랜드 포지셔닝이 가족이라면 편안하고 친근하게 다가가되 완벽해야 한다. 신뢰를 깨는 행동은 가족 같은 브랜드에 엄청난 리스크다. 또한 가족을 보여주는 방식에 대한 고민이 필요하다. 할아버지 품에 달려가 안기는 손녀딸의 모습 등 전형적인 대가족, 권위적인 가족, 위계적인 부모님의 모습은 이 시대의 가족과 거리가 멀다. 일례로 풀무원은 가족 연관도가 높은 브랜드다. 누구보다 신뢰할 수 있다는 점까지 가족과 닮았다. 예전에는 전형적인 4인가족을 떠올리게 하는 브랜드였으나 이제는 1인가구, 반려가족 등 변화하는

세상이 성장하지 않아도
나는 나의 성장을 멈출 수 없다.
나는 AI보다 똑똑해질 수 없지만
성장하기에 인간이다.

가족의 모습도 반영하고 있다. 풀무원 광고 모델 이효리 씨는 가족과 함께 살 것 같은 집에서 편안한 모습으로 나오지만 사람 가족 구성원은 등장하지 않는다. 대신 강아지는 나온다. 사람들이 바라는 가족의 모습은 가족의 편안함이지 전형성이 아니다.

브랜드가 선생님 역할을 한다면 전문성을 강조하되 누구보다 친절하고 정확하게 그리고 자주 커뮤니케이션해야 한다. 예전부터 과학, 랩, 바이오를 강조했던 아이오페는 '피부 전문가/선생님'을 직접적으로 마케팅에 활용한다. 브랜드 행사에서 고객의 피부를 전문가가 진단해주고 고객 맞춤 일지/미션까지 적어주는 등 선생님 같은 활동을 한다. 전문가 포지셔닝을 유지하되, 과학적임을 주장하기보다 선생님이라는 관계로 다가가는 전략이다. 살로몬은 러닝클럽을 열면서 '훈련'이라는 단어를 선택했다. 12주 동안 트레일러닝 대회를 준비하는 훈련을 시켜준다. 코로나 이전에 급부상했던 나이키 러닝클럽의 대표 언어는 '크루'였다. 당시에는 자발적 모임, 수평적 관계, 경쟁이 아니라 함께 뛴다는 그 자체가 트렌드였고 이를 주도한 브랜드가 나이키였다. 코로나 종식 후 코로나 이전보다 더 뜨거운 러닝 열풍이 불고 있다. 지금의 키워드는 '훈련', '성장', '어제보다 나은 나'다.

1. 뜨는 관계에서 트렌드를 배운다.

성공보다 '성장', 자기계발보다 '자기관리', 친목보다 '훈련'을 위한 모임이 뜬다.

AI 시대에도 포기할 수 없는 것은 '나'라는 인간을 돌보고 성장시키고자 하는 인간의 의지다.

2. 가족은 영원히 중요하다.

가족만이 줄 수 있는 가치는 '만족감', '행복감', '편안함'이다. 이러한 가치는 앞으로도 친구나 다른 관계로 대체되기 어렵다.

단, 가족을 보여주는 방식은 시대에 맞게!

3. 소비자와 어떤 관계를 맺을 것인지 결정하자.

친구 관계라면 동년배 감성을 자극하고, 가족이라면 편안하고 완벽하게, 선생님이라면 정확하고 친절하게!

Chapter 2

이 시대는 어떤 속성을 지니고 있을까? 데이터는 '낭만'과 '효율'이 공존하는 시대라고 말한다.

여가의 레벨업 _정석환

낭만, 효율 그리고 성장의 시대

이 시대는 어떤 속성을 지니고 있을까? 데이터는 '낭만'과 '효율'이 공존하는 시대라고 말한다.

시대의 가치와 관련해 2021년 이후 상승한 키워드는 '도전', '낭만', '삶의 질', '효율', '성장'이다. 하락한 키워드는 '재미', '완성', '공감', '과몰입', '소확행' 등이다. 상승하는 키워드들 사이에는 어떤 맥락이 있을까? 언뜻 보면 유사한 결의 키워드도 있지만 상충하는 부분도 눈에 띈다. 특히 '낭만'과 '효율'이 그렇다.

'낭만'이라는 단어를 보면 미국 서부개척민을 다룬 영화들이 떠오른다. 무슨 일이 일어날지 예측 불가능하고, 자연과 도시문명이 공존하던 시대. 서부시대 개척민의 삶을 그린 영화 〈가을의 전설〉속 브래드 피트는 '만약 낭만이 사람이라면?'에 대한 응답 그 자체다. 시작부터 끝까지 규칙을 따르지 않고 예측을 벗어나는 행동을 반복하지만 모두에게 가장 큰 사랑을 받는 캐릭터다. 지금 보면 공감하기 힘든 부분이 많은 영화이지만, 당시엔 낭만의 이름으로 모

〈가치속성 순위〉

2021년		2022년		2023년		2024년 (~8월)	
1	사랑	1	사랑	1	경험	1	경험
2	진심	2	경험	2	사랑	2	사랑
3	경험	3	진심	3	진심	3	진심
4	재미	4	재미	4	가성비	4	가성비
5	취향	5	취향	5	재미	5	취향
6	기회	6	기회	6	취향	6	재미
...	...	...	...	...	...	...	...
12	감성	12	감성	12	성공	12	성장
13	희망	13	희망	13	성장	13	도전
14	완성	14	도전	14	도전	14	성공
15	욕심	15	성향	15	성향	15	책임
16	도전	16	완성	16	희망	16	도전
17	성향	17	센스	17	완성	17	성향
18	공감	18	성장	18	센스	18	센스
19	센스	19	책임	19	욕심	19	완성
20	성장	20	공감	20	책임	20	욕심
...	...	...	...	...	...	...	...
26	열정	26	정성	26	열정	26	낭만
27	득템	27	호기심	27	낭만	27	삶의 질
28	호기심	28	득템	28	삶의 질	28	낭만
...	...	...	...	...	...	...	...
30	중독	30	낭만	30	중독	30	트렌드
31	죄책감	31	보람	31	득템	31	중독
32	집착	32	집착	32	해소	32	해소
33	보람	33	삶의 질	33	혁신	33	득템
34	삶의 질	34	죄책감	34	트렌드	34	죄책감
35	트렌드	35	트렌드	35	보람	35	집착
36	기분전환	36	과몰입	36	집착	36	보람
37	혁신	37	해소	37	죄책감	37	효율
38	해소	38	혁신	38	효율	38	혁신
39	효율	39	기분전환	39	기분전환	39	존재감
40	낭만	40	존재감	40	존재감	40	기분전환
41	외로움	41	효율	41	외로움	41	격차

출처 | 생활변화관측소, 2021.01.01~2024.08.31

든 것이 포용되었다.

미국까지 갈 것도 없이, 검색 포털에 '대한민국 낭만의 시대'라고 넣어보자. 낭만이라는 이름으로 퍼지는 수많은 짤들이 나올 것이다. 방송 중 갑자기 카메라를 향해 담배 연기를 뿜는 할머니, 갑작스런 폭우에 도시가 잠기자 헤엄쳐서 출근하는 직장인들, 난데없이 도로에서 전갈 자세로 오토바이를 모는 폭주족, 이 시리즈는 '강한 자만이 살아남는 90년대'라고도 불리며 꾸준히 업데이트되고 있다. 여기에서 보듯이 낭만이란 단어에는 돌발적 상황, 규칙에 대한 개인의 자유로운 해석, 정해진 틀 밖에서만 얻을 수 있는 기쁨, 인간적인 면모 등이 담겨 있다.

낭만의 대척점에는 효율이 있지 않을까? 영화 〈매트릭스〉가 보여주는 세계는 '아키텍트'라 불리는 창조주에 의해 세상이 설계돼 만들어지고, 변수가 나타나면 백신으로 제거한다. 자원 최적화를 위해 효율을 최고의 가치로 둔 미래의 모습이 연상된다. 사람보다는 기계의 존재감이 큰 세계다.

이처럼 효율적이라는 것은 계산을 통해 실패 없는 최적화를 추구한다는 것일 텐데, 낭만은 반대로 계획적이지 않은, 예상하지 못한 변칙성에서 오는 속성이 있다. 이 두 가지가 공존할 수 있을까? 효율적인 낭만이란 게 있기라도 한 것일까? 효율을 챙기며 낭만을 얻는 형태의 성장은 무엇일까? 이러한 시대의 속성에 주목하며 삶의 변화를 살펴보려 한다. 이 속성들과 궤를 함께하는 행위들이 트렌드가 되었을 확률이 크기 때문이다. 특히 이 장에서는 우리 삶에 점점 더 중요한 의미를 갖는 여가시간을 통해 시대의 속성을 살펴볼 것이다.

헬스를 넘어 러닝, 클라이밍, 프리다이빙으로

'여가시간' 연관어의 압도적 1위는 '운동'이다. 그 뒤로 '스트레스 관리', '친구', '건강' 등이 나온다. 운동을 열심히 하는 사람이건 한 번도 안 해본 사람이건, 운동해야 한다는 생각만은 모두 품고 살기 마련이다.

트렌드와 관련해 지난 5년간 언급량이 꾸준히 증가한 키워드로 '반려'와 '헬스'가 있다. 3년 이상 증가하는 키워드도 드문데, 5년 넘도록 점점 더 많이 말한다는 것은 매우 귀한 현상이다. 반려와 헬스가 뜬다는 것은 우리 사회가 선진사회로 더 나아가고 있다는 증거로도 볼 수 있다. 내 삶에 동반하는 대상에 대한 확장과 포용을 의미하는 '반려', 그럼에도 넓어진 관계의 중심인 나를 소홀히 하지 않고 더 깊이 관찰하고 관리하는 '헬스'는 그 안에서 식단, 루틴, 인증 등 수많은 트렌드 가지를 뻗어가며 진화하고 있다.

우선 데이터를 살펴보자. 추이를 볼 때 항상 2020년에 시선이 가는 버릇이 생겼는데, 코로나19의 시작이기 때문이다. 코로나19는 트렌드의 인과율에 차원이 다른 영향을 미치며 수많은 패턴의 양상을 바꾸어버렸다. 그중에서도 운동과 관련된 키워드들이 큰 변화를 보였다. 2020년을 기점으로 운동 관련한 모든 키워드가 상승했다. 다양한 시행착오를 겪은 거리두기라는 특수 상황이 걷히고 2023년

〈코로나19 전후 각 운동의 증가율 순위〉

	활동	증가율(%)
1	러닝	1087.82
2	클라이밍	902.5
3	프리다이빙	473.85
4	헬스	379.06
5	크로스핏	360.59
6	필라테스	308.69
7	요가	258.22
8	등산	230.02
9	폴댄스	213.64
10	서핑	194.46

출처 | 생활변화관측소, 2021.01.01~2024.07.31

5월 코로나19 종식이 선언된 이후, 현재를 살펴보면 코로나19로 뜬 키워드들 중 우리에게 정말 선택된 활동이 무엇인지 확인할 수 있다. 그 욕망과 선망의 속성을 이해함으로써 개인의 여가활동을 넘어 우리 사회의 방향성을 엿볼 수 있을지도 모른다.

운동 카테고리의 언급량 1위는 역시 '헬스'이며, '필라테스', '등산', '요가'가 그다음으로 많이 언급되고 있다. 요가는 잠시 지는 패턴을 보이다 다시 상승하는 추세다. 등산은 코로나19 기간에 유일하게 할 수 있던 고강도 활동이어서 참여가 굉장히 늘었지만, 지금은 하락하는 추세다. 등산으로 얻을 수 있던 성장과 선망성도 함께 주춤하는 모양새다. 필라테스 또한 코로나19의 시작과 함께 크게 상승했지만 지금은 지고 있다. 이렇듯 같은 시기에 상승의 동력은 공평하게 얻었으나 트렌드로 지속되는지 여부는 다양한 이유로 갈린다. 어떠한 활동이 한때의 유행에 그치지 않고 트렌드가 되려면 그 활동의 속성이 시대의 속성과 맞닿아야 한다.

운동 관련해 코로나19 전부터 현재까지 언급량이 가장 많이 증가한 키워드는 '러닝', '클라이밍', '프리다이빙'이다. 코로나19 전후로 수많은 운동이 상승과 하락을 거듭하는 와중에 꾸준히 상승하는 이 키워드들에서 오늘날 사람들이 원하는 선망성을 해석해보자.

러닝의 효율, 낭만, 성장

효율 : 달리기는 이제 수단이 아닌 목적

러닝은 2024년 최고의 트렌드 중 하나다. 러닝의 참여가 증가한데는 무라카미 하루키가 한몫했다는 인터넷발 설화도 있다. 하루키가 그 위대한 글을 쓰는 와중에도 러닝을 매일 빼먹지 않았다는 루틴이 화제가 된 것이다. 나아가 성공한 CEO들은 모두 러닝을 한다는 이야기도 있다. 마크 저커버그가 매일 러닝을 하며 멘탈 관리를

〈'러닝' 연관어 증감률 순위〉

	상승 연관어		하락 연관어
1	속도	1	생각
2	기록	2	건강
3	목표	3	체중
4	페이스	4	감량
5	마라톤	5	다이어트

생활변화관측소, 2021.01.01~2024.07.31

한다는 말도 돈다. 하지만 우리는 데이터를 보아야 한다. 러닝은 팬데믹 시기부터 꾸준히 상승세를 이어가다 2024년에 폭발적으로 상승하는 중이다. 무엇이 러닝 열풍을 불러왔을까?

러닝과 관련해 지난 3년간 상승한 키워드는 '땀', '속도', '기록', '목표', '페이스', '마라톤'이고 하락한 키워드는 '건강', '체중', '감량', '다이어트'다. 하락하는 키워드들은 러닝이 다른 목적의 수단으로 선택되었음을 짐작하게 한다. 다이어트와 체중 감량을 통한 건강 증진이 목적이며, 러닝이 그 수단으로 활용된 것이다. 이때의 러닝은 다이어트라는 목적을 달성하면 필요가 없어진다. 다이어트라는 목적이 사라지지 않고 반복되면 러닝도 그 굴레 안에서 영속하겠지만, 러닝 자체가 진보하지는 않을 것이다.

하지만 러닝 자체가 목적이 되어 러닝을 위한 러닝을 한다면, 러닝은 진화를 거듭한다. 다이어트와 러닝처럼 목적과 수단이라는 종속관계 속에 반복되는 대신 끝이 없는 선형으로 뻗어나갈 것이다. 그 자체로 목적이 된 러닝은 더 큰 심상을 제시하며 중단 없이 이어진다. 혼자 달리다가 동네 크루로, 지역 마라톤으로 그리고 해외 마라톤으로, 그렇게 10년, 20년을 기획하는 목적이 된다.

러닝의 진화에는 '측정되는 성장'이라는 속성이 있다. 스마트워치를 비롯한 각종 웨어러블 디지털 기술의 도움도 물론 존재한다.

"스마트워치를 찬 후로 러닝을 더 열심히 하게 됨! 달리기 기록들이 모여서 데이터로 보여주기도 하고, 케이던스 심박수 발전을 위한 데이터가 측정된다. 내 페이스와 심박수도 꾸준히 체크할 수 있고 무엇보다 내가 점점 늘고 있는 점을 눈으로 볼 수 있어서 최고. 6분 50초 기록 경신!"

'건강'이라는 막연한 목표를 향해 달리는 것이 아니다. 기술의 도움이 없던 과거의 운동은 실체 없는 신기루 같은 목표를 향해 묵묵히 나아가는 섀도복싱의 연속이었지만, 이제는 그렇지 않다. 매일 나의 성과를 측정할 수 있어 성장의 애매모호함을 견디지 않아도 된다.

낭만 : 10년을 준비해서 세계로 나가는 사람들

"10여 년 전, 혼자 연습해서 춘천마라톤을 완주했다. 그다음엔 동아마라톤에 참가. 이제 인생 목표를 새롭게 설정한다. 보스턴마라톤. 보스턴마라톤의 기준이 점점 어려워지니, 더욱 연습해야 한다. 마의 4분 30초를 깨야 한다. 몸무게를 1키로 줄여야 3분이 단축된다. 마라톤 성장일지를 만들자."

'러닝' 연관어 중 눈에 띄게 상승하는 단어가 '마라톤'이다. 러닝이 아니더라도 마라톤은 그 자체로 해를 거듭하며 상승하는 키워드다. 마라톤 앞에 붙는 단어를 보면 '하프마라톤', '동아마라톤', '춘천마라톤' 순서로 나타나고, 그다음이 '보스턴마라톤'이다. 뒷부분에 다시 살펴보겠지만, 인생을 함께하는 운동의 경계가 바다를 넘어가고 있다. 바다를 넘고 국경을 넘어갈 때의 그 마음가짐은 일반적인 여행과는 사뭇 다를 수밖에 없다.

성장의 안부를 묻는 새로운 이웃, 러닝크루

우리는 늘 이주하고 새로운 환경에 적응한다. 적응은 생존과 성장을 모두 포함하며, 이를 위해서는 새로운 연대가 필수적이다.

우리 사회에서 인구감소, 기대수명 증가만큼 중요한 변화의 축이자 수많은 트렌드의 모체 중 하나가 '1인가구의 증가'일 것이다. 한국의 1인가구는 2024년 3월 기준 1000만이 넘으며, 수도권인 서울과 경기도에만 425만 명이 1인가구로 산다. 대부분의 1인가구는 살던 집에서 독립해 새로운 동네에 자리 잡는다. 이는 곧 기존에 부여된 관계를 등지고 새로운 터전에서 무관계의 상태로 삶을 시작한다는 말과 같다. 이들은 낯선 곳에서 어떤 관계를 맺으며 적응해갈까? 만약 당신이 러닝을 한다면 '크루'를 찾으면 된다.

1990년대만 해도 끈끈했던 이웃의 개념이 우리 사회에서 점차 사라지는 듯하지만, 어쩌면 다른 표현으로 진화하고 있는지도 모른다. '이웃'이라는 말에는 동네라는 공간이 전제조건으로 들어간다. 동네는 물리적으로나 심리적으로나 가까움이라는 속성이 있다. 이지점에서 크루는 이웃과 유사하다. '러닝크루' 언급량이 가장 많이 증가하는 채널은 인스타그램인데, 접두어 분석을 해보면 러닝크루가 대부분 지역을 기반으로 언급되는 것을 볼 수 있다. 반포러닝크루, 안양러닝크루, 동탄러닝크루, 송파러닝크루 등 나이, 성별, 직업이 아닌 '동네'가 기준이다. 자신이 사는 곳을 기반으로 만들어진 관계라는 점에서 이웃과 상통하지 않는가?

크루라는 새로운 이웃에게 사람들은 무엇을 기대할까? 과거에는 이웃에게 직접적인 안전과 돌봄을 기대했다. 음식 나눔, 아이들 공동 육아, 우편물 대신 받아주기 등. 그때의 한국사회는 4인가족이 기준이었고, 가정의 안정이 중요한 시대적 가치였다. 나아가 이웃끼리도 그에 준하는 상호 안정감을 주고받았다. 그러나 오늘날 1인가구에게 가정의 안정감은 그다지 수요가 없어 보인다. 그렇다면 오늘날의 크루는 무엇을 주고받을까?

지금의 1인가구들이 이웃에게 바라는 것은 안전이나 돌봄보다는 성장의 기회다. 동네와 이웃 모두 물리적 가까움을 기반으로 하지만 그 안에만 머물지 않는다. 좋은 예가 당근(당근마켓)이다. 코로나 팬데믹 시기에 당근마켓은 희미해져 가던 동네 이웃의 속성을 활용해 이웃 간 거래를 활성화하고 개인 거래에 생길 수 있는 리스크 관리에 성공했다. 그리고 러닝크루는 당근마켓이 끌어올린 신뢰위에 물건이 아닌 작은 단위의 '성장 기회'를 주고받는다. 이 성장은 '건강'처럼 막연한 개념이 아니라 이주해온 개척민의 사회적 생존에 필요한 직접적인 성장이다. 성장감은 새로운 환경에 적응하며 생존하는 1인가구라는 개척민에게 중요한 속성이다.

"○○동으로 이사오자마자 가입한 러닝크루. 1년이 지난 지금 서로 가장 많이 하는 말이 '덕분에 성장했어요'다. 서로 성장을 도우면서 나도 성장의 경험을 얻는 그야말로 함께 성장하는 기간이 되었다. 경쟁 속에서 성장하는 게 아닌 격려 속에서 성장하는 느낌이 너무 행복했다. 외로움 없이 버틴 이사 후 1년!"

러닝크루에 속하는 방식도 다양한데, 최근에는 당근 커뮤니티를 통해 많이 참여한다. 동네 기반이어서 주기적으로 만나기 쉽고, 퇴근 후 집 근처를 뛰는 것이 효율적이기 때문이다. 나아가 여기엔 의도치 않은 배타성도 존재하는데, 당근에 접속해 커뮤니티를 이용할 정도의 디지털 리터러시를 갖추어야만 크루 모집 정보에 접근 가능하기 때문이다.

"오늘 러닝 가능하신 분 석촌호수로 7시에 나오세요." 단톡방에 누군가 올린 글에는 답장의 의무도 참여의 강제성도 없다. 작은 크루라면 1명이 나올 수도 있고 2명이 나올 수도 있다. 그 사람이 나와 페이스가 맞다면 더욱 좋고, 그렇지 않아도 상관없다. 서로는 서로의 인간적인 동기부여를 돕는 존재로서만 존재하며 그 외에는 도움을 요구하지 않는다. 그리고 당연하게도 크루의 목표보다는 개인의 목표가 중요하고, 모든 크루들의 마음도 같으므로 이 관계는 무리 없이 유지된다.

러닝크루는 코로나19 이전에도 유효한 트렌드였는데, 잠시 성장세가 꺾였다가 최근 다시 부상하고 있다. 코로나 전과 다른 점은 당근과 소모임 등 동네를 기반으로 신뢰를 강화해준 플랫폼이 등장했다는 것이다. 스마트워치도 해줄 수 없는 인간적인 동기부여를 돕는 것은 결국 함께 뛰는 사람, 크루다. 다만 이 크루는 가족이나 친구, 회사 동료처럼 끈끈하지 않다. 누군가로부터 부여받은 관계가 아니라 각자가 각자의 이유로 선택한 연대이기 때문이다.

2023년 8월 방영된 〈나 혼자 산다〉에서 기안84는 마라톤 준비를 하며 러닝크루에 합류했다. 그는 러닝크루를 '이상적인, 건전한 폭주족'이라 표현했다. 해당 방송에서 러닝크루는 폭우가 쏟아져도 멈추지 않는다. 우중런이 오히려 재미있다며 다같이 환호한다. 서로를 향한 격려와 응원도 멈추지 않는다. 기안84는 "크루가 아니었다면 진작 마포대교에서 포기했을 것"이라고 말한다. 폭주와 폭우라는 낭만과 크루가 주는 동기부여의 효율이 결합된 모습이다. 주목해야 할 또 하나의 장면은 마지막에 나온다. 러닝을 마치고 마지막 사람까지 들어오는 것을 확인한 후 기안84는 "수고하셨습니다. 자주 올게요"라며 쿨하게 떠난다. "(러닝 끝나고) 같이 맥주 한잔 안 해요?"라는 출연진의 질문에 그는 "이게 바로 러닝의 멋, 달리기하고 바로 바이(bye)"라고 대답한다. 그러고는 편의점으로 직행해 혼맥을 즐긴다.

단적으로 비교하면 〈SNL〉에서 묘사하는 조기축구회의 관계와 대척점에 있다고도 볼 수 있는 모습이다. 운동이 끝나고 자연스레 이어지는 회식, 소주 병목을 탁탁탁 3번 치고 다같이 건배하는 씬을 보라. 어느 에피소드는 (사실) 프리미어리그 출신이지만 신도림 조기축구회 막내로 들어온 케빈 더 브라위너(aka. 김덕배)를 그려낸다. 선배들은 그에게 "너는 드리블하면 안 되고 나한테 바로 패스만 해"라고 나무란다. 그러면서도 덕배를 너무 혼냈다가 다음 주에 안 나오면 어쩌냐고 걱정한다. 덕배는 축구는 어렵다며 홀로 소주를 들이켠다. 모든 조기축구회가 그렇지는 않겠지만 이른바 '꼰대 조축 문화'라 일컬어지는 특징을 모아서 압축해놓은 것이다.

러닝크루의 끈끈함은 달리는 그 순간에만 존재한다. 물론 과거 이웃들처럼 안부도 묻는다. 다만 주제가 정해져 있다. '힘내요', '이제 반 남았어요', '지금 페이스 좋아요!' 달리는 중에 서로의 성장을 돕는 안부만 주고받는다. 운동 후 요구되는 네트워킹 의무도 없으며, 있어도 메가커피 한잔 정도다. 어디에나 있고 누가 지불해도 부담스럽지 않은 가격 때문일까. 식사는 거창하고 스타벅스는 너무 진지한 관계 같고, 메가커피가 러닝크루의 회식(?) 상황과 감도가 맞다.

강제성이 없다는 데서 유추할 수 있듯이 크루는 언제든 소멸할 수 있음을 전제한다. 동네와 관심사라는 두 가지 코드가 맞아떨어질 때 크루가 되는데, 우리는 언제든 다른 동네로 이주할 수 있으며 관심사 또한 바뀔 수 있기 때문이다. 또 하나의 이유가 있다면 성장이다. 마치 퇴사와 같이, 성장을 원하는 사람이 더 큰 무대를 향해 떠나는 것은 자연스러운 일이다. 동네에서 시작해 서울 마라톤에 참가하고 강원도 마라톤에 참가하고 미국 마라톤에 참가하는 여정에 성장을 위한 떠남은 필연적이다. 누구든 언제든 떠날 수 있고, 이는 배신이 아니다.

성장과 연대는
새로운 환경에 적응하며
생존하는 1인가구 개척민에게
중요한 속성이며,
또 다른 성장을 위한 떠남은
배신이 아니다.

〈'러닝' 연관 브랜드 순위〉

	2023년		2024년(~8월)
1	나이키	1	나이키
2	런데이	2	런데이
3	애플워치	3	아디다스
4	갤럭시워치	4	인바디
5	인바디	5	뉴발란스
6	아디다스	6	애플워치
7	뉴발란스	7	아식스
8	아식스	8	에어팟
9	에어팟	9	호카
10	룰루레몬	10	룰루레몬
11	호카	11	살로몬
12	삼성헬스	12	써코니
13	미즈노	13	삼성헬스
14	살로몬	14	브룩스
15	써코니	15	크룩스
16	브룩스	16	오클리
17	언더아머	17	갤럭시워치
18	무신사	18	미즈노
19	젝시믹스	19	푸마
20	노스페이스	20	아크테릭스

출처 | 생활변화관측소, 2021.01.01~2024.08.31

트렌드가 확산되는 이유 : 나와는 동떨어진 데서 오는 선망성

등산이 산에 오르는 행위를 넘어 패션으로 확대되었듯이, 러닝도 패션이 큰 견인요소가 되었다. 운동복을 기반으로 하는 에슬레저룩은 코로나 기간 중 언급량이 크게 상승했고, 조금 더 기능적인 멋을 연출하는 고프코어룩 또한 2020년 이후 약 4배 상승했다. 살로몬, 호카 등은 고프코어룩의 상승과 함께 선택받은 브랜드들로, 러닝과 하이킹 등의 기능성을 앞세운 신발이지만 그것이 주요 선택 이유는 아니었다. 하지만 러닝의 시대가 왔을 때 이들 신발은 훌륭한 준비물이 되었고, 이 신발을 신은 러너는 멋과 자기관리를 모두 챙기는 사람처럼 보이는 효과를 낳았다. 지금은 고프코어에서 뿌리를 뻗은 '러닝코어'라는 패션 트렌드도 생겼다.

러닝의 증가 요인으로 많은 이들이 준비물이 없고 초기 비용이 들지 않는 점을 꼽는다. 신발 한 켤레만 있으면 되지 않느냐는 것이다. 하지만 러닝하는 사람들은 본인을 지네에 비유하곤 한다. 처음엔 신발 한 켤레로 시작했지만 어느덧 신발장을 꽉 채운 다양한 브랜드의 고가 러닝화들. '고인물'이 되어갈수록 러너들의 패션은 다양해지고 고도화된다. 그

측정을 도와주는 브랜드	
1	나이키(런)
2	런데이
3	인바디
4	애플워치
5	갤럭시워치
최근 상승한 패션 브랜드	
1	뉴발란스
2	아식스
3	호카

생활변화관측소, 2021.01.01~2024.08.31

리고 패션의 고도화는 러닝 트렌드의 선망을 키우고 저변을 넓힌다.

> "○○동 근처, 9시 반경에 호수 따라서 같은 티셔츠, 살로몬? 신발 신고 페이스별로 나눠서 뛰는 크루를 보았는데, 저도 함께하고 싶어요. 어느 크루인가요?"

사람들의 선망성은 이처럼 본질 외의 지점에서 생겨나기도 한다. 러닝을 하지 않는 사람들도 러닝크루를 목격하는 경우가 많아지고 주변 친구들도 참여하는 것을 보면서 힙함을 느끼고 선망하기 시작한다. 선망은 내가 갖지 않은, 나와 동떨어진 것에서 오며 러너들의 룩과 행위는 달리지 않는 내게 선망으로 다가오기에 충분하다. 자랑과 허세로 치부되기도 하는 '보여짐'은 좋건 싫건 이 시대의 중요한 코드다. 등산도 초기에는 패션이 주목받은 것처럼, 러닝 또한 외양에서 선망을 불러일으킨다. 덕분에 러닝화 시장은 2024년 현재 불타오르고 있다. 이렇게 러닝은 그 자체의 속성과 시대의 속성이 부합해 점점 진입 문턱이 낮아지고 있다.

러닝은 개인의 성장, 러닝크루는 성장을 돕는 이웃, 마라톤은 지역의 축제이자 미디어

배달의민족은 2024년 6월, 올림픽공원에서 '장보기 오픈런' 5km 마라톤을 개최했다. 소정의 참가비를 책정했지만, 참가만 해도 얼

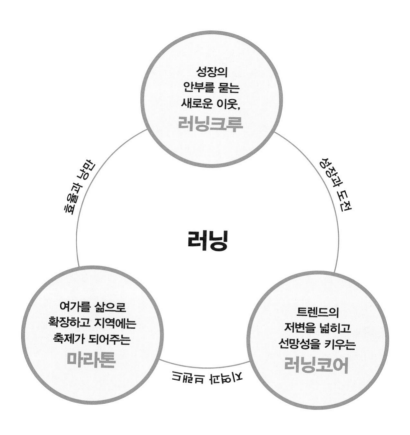

는 경제적 혜택은 참가비 이상이었다. 기념 티셔츠와 완주 메달은 기본이고, 장바구니를 들고 뛰는 컨셉인 만큼 제공된 장바구니에 원하는 물품을 제한 없이 쓸어 담을 수 있었으며(가장 많이 담은 참가자는 20kg의 음식을 들고 완주했다고 한다), 완주 후엔 3만 원 이상의 배달의민족 쿠폰과 교통비를 제공했다. 그들은 왜 이런 기획을 했을까? 마라톤이 열린 날 송파구 올림픽공원 인근에 있던 사람들은 누구나 배달의민족 티셔츠를 입고 장바구니를 들고 뛰는 수많은 인파를 목격했다. 브랜드는 인지와 인식이 중요할 텐데, 장보기 카테고리에 심혈을 기울이는 배달의민족에 이 자발적인 마라토너들이 엄청난 미디어가 되어준 것이다. 이런 이유로 최근 기업 및 브랜드가 개최하는 마라톤이 늘고 있다.

마라톤은 개최 브랜드에만 이득이 아니다. 마라톤의 또 다른 핵심은 메달과 굿즈다. 기념 메달은 참가하는 개인에겐 훌륭한 성취의 증명이자 색다른 성장의 동기부여가 된다. 나아가 마라톤은 그 자체로 지역의 축제가 되어 지역 브랜딩에 기여한다. 보스턴마라톤의 영상을 보면 알 수 있다. 마라톤이 개인의 운동을 넘어 응원과 정이 넘치는 모두의 축제라는 것을. 지역 소멸이 사회적 문제로 왕왕 주목되고 있는데, 마라톤이 지역 활성화에 작은 도움이 될 수 있지 않을까?

이렇듯 러닝에서 러닝크루로 그리고 마라톤으로 이어지는 선형적 여정에는 각각 개인적, 시대적 욕망을 충족해주는 가치가 존재한다. 러닝은 성장을 원하는 개인에게 성장과 성취를, 크루는 사라진 이웃문화에 새로운 대안으로, 마라톤은 관심과 조명이 필요한 지역에 축제로 기능한다. 러닝 트렌드는 계절성과 함께 사그라들 수도 있고, 최근 유입된 초심자들이 중도하차하며 관심도가 내려갈 수도 있지만, 러닝의 여정을 통해 사람들이 얻고자 하는 성장의 가치는 좀 더 긴 시간축으로 주목해야 할 것이다.

클라이밍의 효율과 성장 : 즉각적인 보상, 뚜렷한 종착지

다음 페이지의 데이터를 보지 않아도 주말에 클라이밍장에 가보면 알 수 있다. 클라이밍 트렌드는 더 성장하리라는 것을 말이다. 클라이밍은 암벽등반이라 불리기도 하며, 잘 모르는 사람에겐 산에서 밧줄을 걸고 올라가는 장면이 그려질 것이다. 하지만 지금 우리가 클라이밍이라 부르는 운동은 정확히는 '볼더링'이라는 종목으로, 실내에서 높지 않은 벽을 아무 장비 없이 맨몸으로 오르는 것을 의미한다. '클밍'이라는 줄임말이 생길 정도로 각광받고 있으며, 이 것을 진하게 하는 사람은 스스로를 '클창'이라 부른다. 클라이밍의 속성은 무엇이고, 우리 시대의 어떤 점과 맞닿아 있어서 이렇게 각광받고 있을까?

클라이밍의 장점은 최상의 접근성과 최고의 운동 강도가 빚어내는 시너지에 있다. 클라이밍 센터는 서울에만 100개 가까이 있으며, 프랜차이즈 회원권을 구매했다면 전국 어느 지점이든 이용할

〈'클라이밍' '프리다이빙' 언급 추이〉

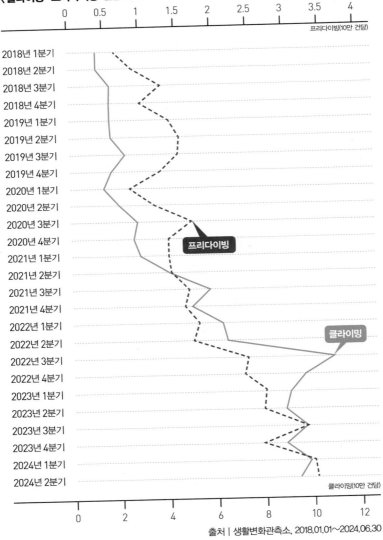

출처 | 생활변화관측소, 2018.01.01~2024.06.30

수 있다. 일일 이용권은 2만 원 정도로, 여타 운동과 비교해도 가장 저렴한 축에 속한다. 심지어 준비물은 암벽화와 초크뿐. 지리적 접근성은 물론 경제적 접근성도 지극히 친절하다.

무엇보다 클라이밍은 보상이 즉각적이다. 주지하다시피 운동과 성장이란 오랜 기간 묵묵히 수행했을 때 겨우 얻어지는 것이며, 그조차 본인이 미처 인지하지 못하는 경우가 태반이다. 반면 클라이밍은 운동한 날마다 성취감을 느낄 수 있다. 클라이밍은 문제를 푸는 형태의 운동으로, 클라이밍의 동사는 '깨다'이다. 마치 게임을 하듯 과제를 하나씩 깨나가는 것이다. 다른 사람들이 푼 방식을 인스타그램에서 찾아볼 수 있어서 예습도 가능하다. 현시점 최고의 가치 키워드인 '효율'의 관점에서도 시대의 선택을 받기에 부족함이 없는 운동이다. 내 성공을 내가 셀 수 있고, 성공을 위한 루트는 전국 클라이머들에게 공유받을 수 있다. 심지어 디지털 암벽은 전 세계에서 루트를 공유받을 수 있다.

"내가 생각하는 클라이밍의 장점은, 기록이 가능하다는 것이다. 개수로 내가 클리어한 것들을 셀 수 있고, 다른 사람들이 한 같은 문제도보면서 부족한 점을 확인할 수 있다는 것이다."

하지만 고작 이것만으로는 이처럼 오랜 기간 각광받기 어렵다. 등산 또한 나름의 즉각 보상을 주었지만 오래가지 못했다. 클라이밍의 매력은 꿈꿀 수 있는 여정이 더 멀리까지 뻗어 있다는 것이다. 실내 클라이밍장에서 어느 정도 수련을 쌓았다면 산에 가서 도전할 수 있다. 주말의 모락산은 이미 클라이밍을 하는 사람들로 붐빈다. 나아가 해외로 원정을 가기도 한다. 클라이밍의 연관 장소는 서울은 물론이요 일본, 캐나다, 미국까지 뻗어 있다. 특히 사람들은 미국의 조슈아트리를 언급한다. 조슈아트리에서 하는 클라이밍은 클라이머 삶의 지향점처럼 이야기되기도 한다.

"작년부터 기획한 미국 클라이밍 투어. 남들은 LA 가면 유니버설 스튜디오를 가지만 나는 조슈아트리 국립공원이 목표다. 무려 이틀간 할 예정이다. 성지에 가는 느낌이 이런 것일까. 첫날부터 좋은 스팟을 찾아 시도한 후 너무 더워서 포기. 다음 날 다시 도전!"

프리다이빙 : 버킷리스트가 될 수 있는 먼 지향점

넷플릭스 다큐멘터리 〈가장 깊은 호흡〉은 프리다이빙의 아름다움과 힘듦을 모두 보여준다. 보는 내내 다이버와 함께 숨이 막히는 것 같다. 모든 소음과 생각이 사라진, 지구에 남은 가장 고요한 곳을 찾아가는 프리다이빙. 초보건 고수건 프리다이버들은 결국 모두 이집트의 다합으로 모인다. 한 명이 바닷속으로 내려가면 버디가 상황을 지켜보다가 위급상황이 발생하면 다이버를 끌어올려 준다. 그리고 성공적으로 다이빙을 마치면 전 세계에서 온 동료들이 이웃처럼 안아주고 박수 치며 축하해준다.

"40살이 되기 전에 꼭 하고 싶은 버킷리스트. 배낭 하나 메고 섬으로 가서 프리다이빙 해보기. 나중엔 멕시코, 이집트 다합 가서 해보기. 너무 무섭지만 꼭 할 거다. 프리다이빙 자격증은 전 세계에서 쓸 수 있다니 매력적이다. 올해 바로 자격증부터 도전!"

프리다이빙의 연관어에는 '버킷리스트'가 있다. 그리고 '인생'이 있고, '이집트'가 있다. 프리다이빙 또한 러닝과 클라이밍의 핵심 속성을 공유한다. 개인적 목표를 추구하는 동료, 여행 이상의 의미를 갖는 해외 여정. 측정 가능한 성장도 물론이다. 다이빙 전용 시계와 모바일 앱을 통해 내가 어느 바다에 얼마나 깊이 들어갔고 몇 분을 잠수했는지 기록하고, 다이버에게 중요한 다이브 로그와 심박수 등을 체크한다. 이렇게 모든 운동 경험과 성장을 숫자로 매일 확인한다.

여행보다 큰 여가, 목적지보다 중요한 목적

프리다이빙과 같은 해양스포츠인 서핑은 2022년까지 크게 증가했다가 최근 들어 증가세가 주춤하다. 두 종목의 명암이 엇갈린 이유는 무엇일까? 서핑이 양양 여행 안에서만 존재했기 때문으로 보인다. '서핑'의 연관어로 양양은 계속 하락하는데, 이를 대체할 지역이 국내에서는 별로 언급되지 않는다.

나아가 지금까지 살펴본 운동 트렌드의 속성과 서평을 비교해보면 더 넓은 해석을 시도할 수 있다. 여가시간의 또 다른 중요 축인 여행을 살펴보면, 한때 활발했던 제주 여행은 코로나 종식 이후 하락세가 뚜렷하다.

> "일본 특가로 가면 제주하고 티켓 차이도 얼마 안 나는데, 제주 밥값 너무 비싸서 이제 안 가려구요. 일본은 우동값이 만 원도 안 하니 사실상 일본여행이 훨씬 낫죠."

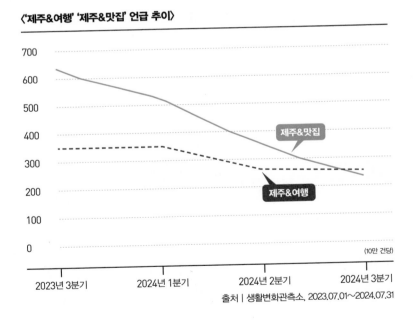

〈'제주&여행' '제주&맛집' 언급 추이〉

출처 | 생활변화관측소, 2023.07.01~2024.07.31

제주도는 코로나 팬데믹 시기 해외여행 통제의 수혜를 입어 성장했지만, 동력을 오래 유지하지 못하고 하락하고 있다. 관광 목적지로서 이미지가 많이 소모된 터라 해외여행이 다시 열린 지금은 매력이 떨어진 것이 사실이다. 2023년 제주에서 폐업한 카페만 252점이다. 맛집과 뷰 때문에 제주를 택하기에는 다른 여행지와의 경쟁에서 밀린 것이다. 하지만 여행지로서는 경쟁에 밀릴지언정 운동의 무대로서 제주는 상승하고 있다. 프리다이빙 또는 클라이밍 장소로 제주가 각광받고 있다.

여기서 확인할 수 있는 것은, 목적지 자체가 중요한 게 아니라 그

〈'제주&서핑' '제주&프리다이빙' 언급 추이〉

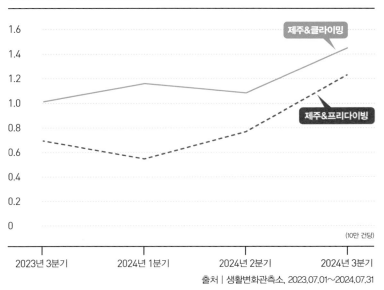

출처 | 생활변화관측소, 2023.07.01~2024.07.31

누군가의 여가에
10년, 20년 뒤 종착지가 있다면,
이는 여가의 단위가 아닌
삶의 단위가 된다.

곳이 제공하는 콘텐츠가 중요하다는 사실이다. 클라이밍과 프리다이빙의 공통 키워드는 '포인트'다. 클라이밍과 프리다이빙의 천연 포인트를 찾아, 클라이머와 다이버들은 제주를 샅샅이 뒤진다. 이들은 세상의 핫플레이스에 흔들리지 않고, 본인의 버킷리스트를 수행할 날을 그리며 전국의 명소를 섭렵한다. 핵심은 이것이 단순 여행이 아니라 무언가를 위한 여정이라는 것이며, 사람들이 목적지보다 목적을 상위 고려요인으로 여긴다는 것이다. 목적이 바뀌면 질문도 바뀐다. '제주 가서 뭐 할까?'가 아니라 '올해는 서귀포 가서 프리다이빙 연습하고, 내년엔 보홀, 그 후엔 다합에 가자'인 것이다. 트렌드를 읽는 데에는 뜨는 지역이 아니라 뜨는 행위를 살피는 게 유리하다. 제주와 양양 등 지역이 뜨는 것은 고속도로, 항공편, 거리두기 등 개인이 손쓸 수 없는 요인에 의한 것이지만, 운동 트렌드는 개인들이 선택한 결과이기 때문이다.

성장에 대한 뚜렷한 상상이 선택을 일으킨다

지금까지 살펴본 러닝, 클라이밍, 프리다이빙은 현재 가장 핫한 운동이라는 것 외에도 종착지가 굉장히 멀리 있다는 공통점이 있다. 몇 년이 걸릴 수도, 몇십 년이 걸릴 수도 있다. 진입장벽이 없다시피 한 러닝도 일단 수련을 시작하면 최소 10년 이상은 꾸준히 하며 지역 마라톤에서 경험을 쌓아야 보스턴마라톤에 참가할 수 있다고 한다. 프리다이빙을 하러 다합에 가는 것도 마찬가지다. 지금 당장 출발해도 되지만, 기회비용이 있으므로 국내에서 기본 실력을 가다듬고 가는 편이 좋다.

　이렇게 궁극의 종착점이 시기적으로 멀리 있을 때, 그리고 그 지점이 명확할 때 사람들은 지금 할 수 있는 것들을 고민하기 시작한다. 결과적으로 종착지까지 가지 않을 수도 있지만, 그 상상을 할 때 행동이 일어난다. 신발을 사고, 센터에 등록하고, 정보를 얻을 수 있는 곳에 찾아간다. 이때의 모든 선택이 동시대의 핫함이나 트렌드와 부합할 수는 있지만, 지속 가능하게 하는 건 결국 나의 마음이다.

　또한 세 운동에는 모두 크루가 있다. 때로는 메이트, 버디라고도 불리는 이들은 오늘날 사람들이 누구와 교류하고자 하는지에 대한 힌트를 준다. 크루들은 마치 로켓 추진체처럼 나의 성장을 위해 힘을 주고, 내가 더 높이 가고자 할 때 아쉬움 없이 떠나보낸다. '나'를 키우는 시대에는 모두가 자신의 로켓 본체이고, 동시에 누군가의 추진체임을 인지하기 때문이다. 자기만 아는 이기주의도 아니고, 정이 메마른 개인주의도 아니다. 모두가 경쟁 없이 평화롭게 성장할 수 있는 효율적인 낭만이고, 실용적인 낭만이다.

1. 러닝, 클라이밍, 프리다이빙을 활용하자.

러닝, 클라이밍, 프리다이빙은 취미이자 여가이자 여행이자 인생이 된다. 우리 공간, 서비스, 제품이 삶의 일부가 된 운동들과 어떻게 연결될 수 있을지 고민해보자.

2. 러닝, 클라이밍, 프리다이빙의 속성을 활용하자.

개인은 성장의 증거와 성취의 보상이, 지역은 사람과 축제 그리고 브랜딩이, 기업은 팬덤과 미디어가 필요하다. 드넓은 자연환경, 참여하는 다수의 개인, 기업의 기획이 시너지효과를 낼 수 있는 러닝과 클라이밍, 프리다이빙과 같은 운동을 활용해보자.

3. 목적지보다 목적이 중요하다.

트렌드를 살피기 위해 핫플레이스를 보는가, 행위를 보는가? 사람들의 행위를 보고 속성을 읽는 것이 긴 경향성을 파악하기에 유리하다.

4. 우리 브랜드도 효율과 낭만을 줄 수 있을까?

낭만과 효율, 성장의 핵심이 되는 두 축을 기억하자. 이 길항의 키워드를 모두 챙길 수 있을까? 또는 모두 얻을 수 있다는 기대감을 제안할 수 있을까? 효율은 과정에서, 낭만은 경험에서 해답을 찾자.

Chapter 3
지금 우리 사회는 가족, 결혼, 육아라는 인생의 거대한 명제를 사회적으로 재개념화하는 과정에 있다.

새로운 엄마 아빠 아내 남편 _신예은

"가족이 뭔지부터 다시 생각해야 하는 거 같다. 가족은 이익집단이 아
니기 때문에 경제적 물리적 손해나 이득을 기준으로 생각하면 당연히
손해일 수밖에 없다. 즉 애초에 이익집단이 아니니 이익이 발생하기
힘들다는 의미이다. 그럼 어떤 의미가 있는가. 누군가 물어본다면 이
익과 손해의 관점을 벗어나서 다같이 생각해봤으면 좋겠다."

이 분석은 위의 소셜미디어 원문으로부터 시작되었다. 최근 청년
들의 비혼, 저출산이 사회적 문제로 대두되고 있다. 일각에서는 돈
이 가장 큰 원인이라 하고, 누구는 지나친 경쟁 때문이라고도 한다.
물론 이외에 다양한 요인이 청년들의 선택에 영향을 미쳤을 것이
다. 이 책에서는 가족에 대한 2030의 인식에서 이유를 찾아보고자
한다. 2030이 생각하는 '가족'은 무엇인가? 이들이 추구하는 가족
의 형태가 어떻게 바뀌었으며, 이상적인 가족의 상은 무엇인지 데
이터로 함께 살펴보자.

이제는 가족의 불편함을 말한다

본격적으로 들어가기에 앞서 먼저 짚고 넘어갈 것이 있다. '가족'이란 상당히 추상적인 개념이며, 개인이 느끼는 '가족'과 데이터로 집합된 '가족'은 다를 수 있다는 점이다. 사실 구성원들끼리도 각자 가족을 바라보는 관점이 다를 수 있다. 내가 부모일 때 가족을 보는 시각과 자녀일 때 가족을 바라보는 시각이 다를 것이다. 세상에는 인구수만큼 다양한 상식이 있다. 가족도 그런 개념이다. 그럼에도 이 분석이 필요한 이유는 개인적인 주관들을 모아 객관화해서 볼 필요가 있기 때문이다. 전체적인 변화는 어떠하며 어떤 섹터들이 영향을 미쳤는지, 공통으로 말하고 있는 것이 무엇인지 살펴봄으로써, 우리가 현 상황을 어떻게 받아들이면 좋을지 객관적 척도를 세울 수 있을 것이다.

10년 전 2030이 가족을 말하는 담론과 지금의 2030이 가족을 바라보는 담론은 크게 달라지지 않았다. 재정적 부분이나 감성, 고려할 지점, 함께 즐기는 활동 등이 담론의 주제다. 하지만 방향성에는 차이가 있다. 예컨대 재정에 대해 말할 때 10년 전에 비해 지금의 2030은 '부양', '병원비' 등 부양비용을 집중적으로 거론한다. 가치의 영역에서도 예전에는 '나이', '성격'에 신경 썼다면, 지금은 '공간', '외모', '매력'이 더 중시된다. 가족과 함께하는 활동도 달라졌다. 예전에는 '모임'을 비롯해 '휴가', '나들이', '가족사진' 등 가족끼리만 할 수 있는 활동이 많았다. 하지만 지금은 '가족 모임', '외식',

〈2030의 '가족' 연관 속성〉

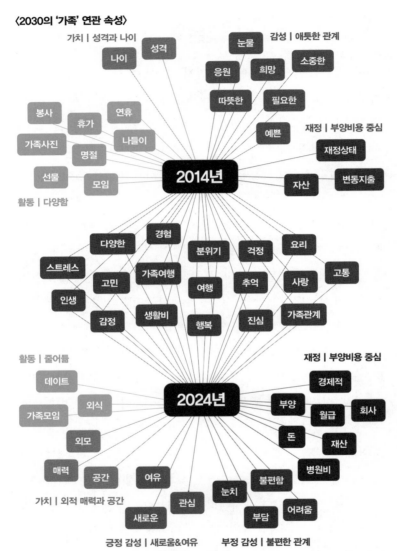

가치 | 성격과 나이

감성 | 애틋한 관계

성격
나이
눈물
응원
희망
소중한
따뜻한
필요한
예쁜

봉사
휴가
연휴
가족사진
명절
나들이
선물
모임

활동 | 다양함

재정 | 부양비용 중심

재정상태
자산
변동지출

2014년

다양한
경험
분위기
걱정
요리
스트레스
고민
가족여행
여행
추억
사랑
고통
인생
생활비
행복
진심
가족관계
감정

활동 | 줄어듦

재정 | 부양비용 중심

데이트
외식
경제적
가족모임
부양
월급
회사
외모
돈
재산
매력
공간
여유
병원비
눈치
불편함
관심
새로운
부담
어려움

가치 | 외적 매력과 공간

2024년

긍정 감성 | 새로움&여유　　부정 감성 | 불편한 관계

출처 | 생활변화관측소, 커뮤니티, 2014.01.01~2014.12.31 vs 2024.01.01~2024.08.31

'데이트' 수준으로 간소화된 모습을 보인다.

　무엇보다 부정적 정서가 표출된 것이 눈에 띈다. 가족이 불편하고 어려울 때가 있음을 이제 표현하기 시작한 것이다. 10년 전 2030에게는 가족이 애틋한 존재였다. 하지만 지금의 2030은 '부담', '어려움', '눈치'와 같은 부정의 감성을 말하고 있다. 그리고 이 것이 가족을 바라보는 여타 섹터(재정, 가치, 활동)에 영향을 미치고 있다. 이들은 가족의 어떤 부분을 부정적으로 말하고 있을까?

> "서로가 서로를 불편하게 하는 것부터 문제라 생각함. 그래서 상대가 민감하다 싶은 이야기 스스로 꺼내는 거 아니면 최대한 거르고 단순하고 재밌고 유쾌한 이야기 중심으로 하려 해도 사회 자체가 경쟁에 개찌들어서 힘들긴 함. 응원해주고 싶어도 혼자 두는 게 내가 도와주는 건가 그런 생각도 가끔 듦."

　가족은 그 어떤 관계보다도 복잡미묘하다. 마냥 좋을 때가 있는가 하면 무작정 싫을 때도 있다. 좋으면서 동시에 싫을 수도 있다. 애초에 가족은 어느 누구도 선택할 수 없는 존재여서 좋기만 할 수는 없다. 10년 전 2030도 가족을 어렵고 불편하게 느꼈을 것이다. 하지만 가족이라는 이유로 참아 넘기고 감정을 숨겼을 것이다. 사회적 규범상 가족에 대해 부정적으로 말하는 것 자체가 죄악시되었기 때문이다.

"가족이어도 서로 좋아하지 않을 수 있어요. '가족은 화목해야 돼. 가족은 이래야지 가족이면 당연한 거지'라고 하며 본인의 요구를 계속 관철시키고 거부할 시 '너 이상해. 문제 있어' 등등으로 가스라이팅하는 거 진짜 지긋지긋하네요. '우린 가족이니까' 이 말이 저는 무서워요."

가족은 항상 화목해야 했고 그러기 위해 누군가는 참아야 했다. 개인의 불편을 숨긴 채 '우린 가족이니까'라는 일념하에 무엇이든 통용되었다. 하지만 지금의 2030은 가족이 화목할 수만은 없는, 불편할 수 있는 존재임을 인정하고 들어간다. '화목한 가족'이라는 프레임에 자신을 억지로 끼워 맞추지 않는다.

언제 시작될지 모르는 부양 부담

가족에게 부정적 감성을 느끼는 중심에 '부양'을 빼놓을 수 없다. 부양에는 금전적 부분 외에도 많은 것이 포함되지만 소셜미디어에서 언급되는 부양 부담은 대부분 금전적인 것이다.

2023년을 기점으로 2030들은 '우리 가족'보다 '부양가족'을 더 많이 언급하기 시작했다. 가족의 소속감을 드러내기보다, 어떻게 먹여 살릴지 고민이 앞서는 것이다. 이들이 말하는 부양 부담은 단순히 돈이 든다는 사실만이 아니다. 언제 부모님을 모셔야 할지 모른다는 막연한 불안감이 부담을 부추긴다.

"아빠가 일 그만두고 싶어 하시는 거 같은데 어쩌지. 일 그만두고 내

〈2030의 '○○가족' 순위〉

	2021년		2022년		2023년		2024년(~6월)
1	우리 가족	1	우리 가족	1	부양가족	1	부양가족
2	다른 가족	2	모범가족	2	우리 가족	2	우리 가족
3	부양가족	3	부양가족	3	온가족	3	다른 가족
4	직계가족	4	다른 가족	4	다른 가족	4	온가족
5	온가족	5	온가족	5	한가족	5	대가족
6	유사가족	6	한가족	6	대가족	6	한가족
7	한가족	7	직계가족	7	직계가족	7	직계가족
8	대가족	8	대가족	8	유사가족	8	유사가족
9	4인가족	9	유사가족	9	완벽한 가족	9	4인가족
10	새로운 가족	10	동거가족	10	새로운 가족	10	완벽한 가족
11	두 가족	11	새로운 가족	11	4인가족	11	보통 가족
12	동거가족	12	4인가족	12	두 가족	12	세 가족
13	세 가족	13	유일한 가족	13	모범가족	13	새로운 가족
14	괴짜가족	14	한부모 가족	14	소중한 가족	14	양가 가족
15	유일한 가족	15	모든 가족	15	세 가족	15	두 가족

출처 | 생활변화관측소, 블로그+커뮤니티, 2021.01.01~2024.06.30

가 가족들 부양하길 바라는 눈치야. 참고로 집은 아빠 명의도 아니고 엄마 명의야. 일단 나는 지금 독립할 자금을 만들고 있는 중이고 연말에 퇴사 or 이직할 예정이야. (…) 만약 아빠가 일 그만두면 집에 돈 나올 구석 없어서 당연히 내가 우리집 생활비를 대야 함. 아빠가 앞으로

3~5년 안에 일을 더 못 할 수도 있다는 생각은 하고 있어서(노후는 안 되어 계심) 나도 막막하긴 한데 저런 식으로 말하니까 황당하다. 당장 우리 엄마는 내가 빨리 돈 모아서 나가길 원하고 있음. 머리 터질 거 같다."

부양이 불안하고 부담스러운 이유는 예측이 어렵기 때문이다. 내가 부모님을 모셔야 하는지 안 그래도 되는지, 모셔야 한다면 언제부터인지 알 수도 정할 수도 없다는 사실이 이들을 더 불안하게 한다.

재미있는 점은 이들이 생각하는 부양가족 안에 본인도 포함된다는 것이다. 보통 '부양'이라 하면 자신 외의 식솔을 먹여 살리는 것을 생각한다. 하지만 현재 2030들은 1인가구의 가장이라는 책임감으로 스스로를 먹여 살리기 위해 애쓴다.

"오늘도 난 나를 부양하러 출근한다. 1인가구라 내가 돈 벌고 나 스스로를 부양해야 해… 내가 이 집안의 가장이라 퇴사할 수가 없음ㅜ"

가족과 함께 사는 한 누릴 수 없는 내 쉼 공간

지금의 2030이 가족에 대해 느끼는 부정 감성에 '눈치'가 있었다. 이는 '집'이라는 공간과 깊은 연관성이 있다.

세대를 막론하고 사람들은 '남 눈치'를 많이 본다. 반면 2030에서 특징적으로 나타나는 눈치가 있으니, 바로 '부모님 눈치', '집에서 눈치', '가족 눈치'다. 2030 커뮤니티에는 과거 어린 시절부터 집에서 겪은 온갖 눈치의 경험담이 넘쳐난다.

"어릴 때부터 집은 옆집 아들과 비교당하는 장소였다. 어릴 때부터 집은 남들과 경쟁을 가르치는 공간이었다. 집이란 자정에 들어가서 잠만 자고 7시에 등교해야 하는 잠만 자는 공간이었다. 내 방이란 부모님

〈2030 vs 전체 세대 내 '○○눈치' 순위〉

	2030		전체 세대
1	남 눈치	1	남 눈치
2	부모님 눈치	2	남편 눈치
3	주변 눈치	3	주변 눈치
4	남들 눈치	4	엄마 눈치
5	엄마 눈치	5	부모님 눈치
6	집에서 눈치	6	회사 눈치
7	애들 눈치	7	신랑 눈치
8	친구 눈치	8	와이프 눈치
9	아빠 눈치	9	아빠 눈치
10	상사 눈치	10	애들 눈치
11	연차 눈치	11	상사 눈치
12	애인 눈치	12	친구 눈치
13	회사 눈치	13	시댁 눈치
14	가족 눈치	14	타인 눈치
15	칼퇴 눈치	15	집에서 눈치

출처 | 생활변화관측소, 커뮤니티, 2021.01.01~2024.08.31

이 맘대로 들어와선 잔소리하고 가는 내 방이 내 방이 아니었다. 그런 애들이 자라서 바라는 집이란 당연히 남들과 만날 일 없고, 눈치 볼 일 없고, 방해받지 않는 나만의 공간이 될 수밖에 없다 이건 부모라는 지위와 교육이라 자칭하는 학대로 만들어낸 당연한 결과물이다."

"공부를 하고 있어도 문을 벌컥벌컥 열고 문을 잠그면 따고 들어오고 노크하고 문밖에서 계속 대기하고 안 열면 20분 동안 계속 노크하고 그러고도 내가 성질 부린다는 듯이, 내가 감히 들어가도 되니 하는 식으로 말하는 것까지 계속 봐야 한다. 판옵티콘 같은 구조에서 거진 6~7년을 보내고 성인이 돼서야 거기서 해방됐다. 겨우 얻은 내 방을 다시 없애고 싶지 않다. 물리적으로든 심리적으로든."

이들은 어릴 적의 집이 관심이라는 이름의 감시가 일어나는, 온전하게 쉴 수 없는 공간이었다고 말한다. 이런 경험이 쌓인 탓에 혼자 쉴 수 있는 독립된 공간을 포기할 수 없다고 말하기도 한다.

가족 고유의 활동

앞의 데이터에서 10년 전에 비해 가족사진, 나들이, 휴가 등 가족 고유의 활동에 대한 언급이 줄어든 것을 확인할 수 있었다. 단순히 언급이 줄어든 것을 넘어 그 안에는 또 다른 의미가 있다. 의무적으로 임하는 비자발적인 가족 활동은 줄고, 모두가 선호하는 자발적인 활동만 남았다는 것이다. 기존의 가족활동은 누군가는 좋아하지 않아도 해야 하는, 일종의 효도의 영역이었다.

"도대체 언제까지 여름휴가를 가족과… 몇 년째 가족들과 여름휴가를
같이 가고 있는데 말이 휴가지 계획도 내가 짜야 하고 돈 번다고 비용
도 부담하고 운전도 내가 하고 눈만 마주치면 들이닥치는 또 결혼 애
기ㅠㅠ 여친이 생겼다며 차마 거짓말은 못 하겠고 친구들이랑 휴가
날짜 맞추기도 쉽지 않고 더 이상 가족들과 보내는 여름휴가는 싫다
이제 나도 탈출하고 싶다아아아!!! 좋은 방법, 핑계, 꼼수 없을까"

하지만 지금 2030이 말하는 가족활동은 가족사진, 가족여행처럼
가족끼리만 할 수 있는 것이 아니다. 친구 또는 연인과 즐기는 '데
이트'가 가족의 영역으로 들어왔다. 최근에는 가족과의 데이트 중
에서도 부모님과 인생네컷, 틱톡 챌린지를 하는 모습이 나타나며,
이것이 화목한 가정의 상징처럼 여겨지기도 한다.

"애들아 친구랑 애인이랑만 인생네컷 찍지 말고 엄마아빠랑 인생네
컷 찍어라. 엄빠도 좋아하신다. 친구랑 찍듯이 막 요상한 머리띠도 하
고, 이상한 썬구리도 쓰고… 처음에는 되게 멋쩍어하시는데 진짜 좋
아… 찍어… 본가 가니까 주방 싱크대 상부장에 떡하니 붙여놨더라.
쫌 감동했음."

지금까지의 내용을 정리하면, 10년 전 2030과 지금의 2030이 말
하는 가족 담론의 가장 큰 차이점은 가족의 불편한 점을 말한다는
것이며, '화목한 가족'이라는 기준에 자신을 끼워 맞추지 않겠다고

말하기 시작했다는 것이다. 그 불편함은 언제 들이닥칠지 모르는 부양 부담, 눈치 주는 집, 의무적인 가족활동 등이다. 지금의 2030 들은 그 불편함을 지우려 하고 있다. 부양 부담을 더하지 않기 위해 아이를 낳지 않으려 하고, 집에서 눈치 보기 싫어서 혼자 산다. 가족이 함께하는 활동도 효도용 의무방어전 같았던 것은 사라지고 모두가 선호하는 것만 남았다. 이들은 '가족'의 개념을 부정하거나 가치를 외면하는 게 아니다. 다만 가족의 불편한 요소를 지워 나가면서 재개념화하는 중일 뿐이다. 물론 그 결과가 항상 긍정적인 것은 아닐 수도 있다. 어쨌거나 확실한 것은 지금 우리 사회가 '가족의 재개념화' 과도기에 있다는 사실이다.

2030에게 가족의 의미가 이렇게 변화하고 있다면, 이들이 꿈꾸는 가족의 모습은 어떻게 달라질까? 그리고 실제로 만들어가는 가족은 어떤 모습일까?

시대가 원하는 가족의 상이 변한다

가족의 의미 변화와 함께 2030이 선택하는 가족의 유형도 달라지고 있다. 이들은 누구와 함께 사는가? 통계청이 분석한 25~39세 세대주 가구의 유형 변화를 보면 1인가구, 비친족가구의 증가가 두드러진다. 1인가구는 전 연령대에서 증가 추세(7.1%)이며 특히 젊은 세대의 증가율(15.1%)이 두드러진다. 1인가구는 혼자 사는 사람

2030들은 가족의 개념을 부정하거나
가치를 외면하려는 게 아니다.
다만 가족의 불편한 요소를 지워 나가면서
재개념화하는 중일 뿐이다.
물론 그 결과가 항상
긍정적인 것만은 아닐 수도 있다.

들 외에 반려동물과 함께 사는 형태로도 분화되고 있다. 감성 변화도 눈여겨볼 지점이다. 과거에는 통학·통근 거리 때문에 어쩔 수 없이 1인가구가 되곤 했다. 하지만 최근에는 혼자 사는 것을 하나의 로망으로 여겨 자발적으로 1인가구가 되기도 한다.

　나아가 혼인이나 혈연관계가 아닌 새로운 형태의 가족에 대한 관심이 커지고 있다. 비친족가구는 동거 또는 친구와 함께 사는 형태라 볼 수 있는데, 전 연령대에서 1.1% 증가한 데 비해 젊은 세대에서는 2.7% 증가했다. 이러한 현상을 반영해 2023년에 화제가 된 도서가《친구를 입양했습니다》이다. 책은 혼인관계 외에 다양한 형태

〈25~39세 vs 전체 세대주 가구 유형〉

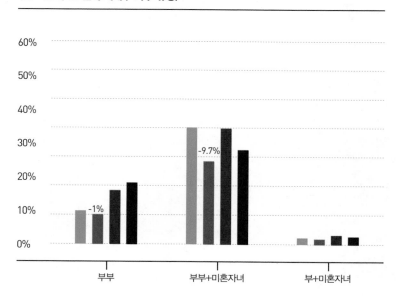

의 가족을 소개하는데, 그중 친구와 함께 사는 저자는 서로의 법적 보호자가 되어줄 수 없다는 현실의 벽에 부딪히자 차선책으로 '성인 입양'이라는 제도를 이용한다.

젊은 세대와 전체 세대의 증감이 엇갈리는 유형은 '부부 가구'다. 젊은 세대 내에서는 부부 가구가 2014년에 비해 약 1% 줄어든 반면, 전체 연령대에서는 오히려 2.3% 증가했다. 청년들의 혼인 건수가 줄어듦에도 불구하고 부부 가구의 비중이 크게 영향받지 않은 점도 흥미로운 지점이다. 반면 부부와 미혼자녀로 구성된 가구는 크게 줄어서 9.7% 하락했다.

출처 | 통계청

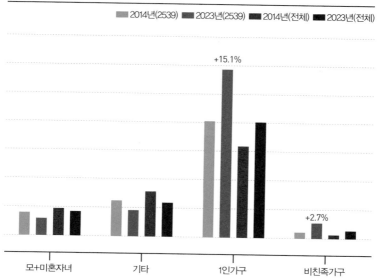

이렇듯 젊은 세대에서 부부 또는 부부와 미혼자녀로 구성된 전통적인 가족 형태는 줄어드는 추세다. 이 와중에 혼인을 하여 새롭게 가족을 꾸리는 이들은 어떤 가족을 꿈꿀까? 그리고 자신은 어떤 가족 구성원이 되고자 할까?

육아하는 아빠, 자기계발하는 엄마

예나 지금이나 어린 아이들에게 꼭 하는 질문이 있다. "아빠가 좋아, 엄마가 좋아?" 하지만 그 누구도 어떤 아빠가 혹은 어떤 엄마가 좋은지에 대해서는 묻지 않았다. 즉 아빠와 엄마 중에 누가 좋으냐는 질문은 아이 중심이 아닌, 다분히 부모 중심적 사고에서 나온 것이라 할 수 있다. 어떤 엄마 아빠 혹은 아내와 남편, 궁극적으로는 어떤 가족이 이상적인지 질문을 받았을 때, 비교에 익숙한 우리는 자연스럽게 주변 혹은 미디어에서 본 이상적인 가족을 말하게 된다. 이른바 '엄친아', '엄친딸'부터 시작해서 옆동에 사는 사랑꾼 남편, 친구 와이프 등 비교 대상은 뚜렷한 실체 없이 계속 나온다. 여기서는 사람들이 구체적으로 어떤 엄마 아빠를 언급하는지 소셜 데이터로 살펴봄으로써 이상적인 가족상을 좀 더 실질적으로 그려보고자 한다.

먼저 아빠의 경우, 10년 전에는 경제적 능력과 '츤데레' 스타일의 아빠를 많이 말했다.

"기러기아빠 그거 진짜 사람 할 짓 못 되지만, 그것도 어차피 돈이 있

〈'○○아빠' 순위〉

	2014년		2024년(~8월)
1	우리 아빠	1	우리아빠
2	친정아빠	2	딸바보아빠
3	아이아빠	3	친정아빠
4	짱구아빠	4	아이아빠
5	딸바보아빠	5	초보아빠
6	초보아빠	6	#운동하는아빠
7	젊은 아빠	7	육아아빠
8	기러기아빠	8	#요리하는아빠
9	변호사아빠	9	짱구아빠
10	슈퍼맨아빠	10	쌍둥이아빠
11	불량아빠	11	아들바보아빠
12	팔불출아빠	12	도치아빠
13	멋쟁이아빠	13	철부지아빠
14	주말아빠	14	젊은 아빠
15	육아아빠	15	육아휴직아빠
16	도치아빠	16	주말아빠
17	고양이아빠	17	보통아빠
18	철부지아빠	18	개아빠
19	허당아빠	19	의사아빠
20	츤데레 아빠	20	용띠아빠

출처 | 생활변화관측소, 블로그+인스타그램+엑스+커뮤니티, 2014.01.01~2014.12.31 vs 2024.01.01~2024.08.31

어야 할 수 있는 거임. 애매하게 벌어서는 하지도 못함"
"사실 우리 집에서 동물을 제일 좋아하는 사람은 아빠인데, 남자어른
이라는 체면 때문에 식구들 앞에서 맘 놓고 고양이들을 예뻐하지 못
하신다. 츤데레 아빠ㅋㅋ 귀여움"

'기러기 아빠'에 대해서는 바람직하냐 아니냐 하는 갑론을박이 예
나 지금이나 있지만, 그와 별개로 자식들을 유학 보낼 수 있는 경제
적 능력에 대한 언급이 빠지지 않았다. 반면 '츤데레 아빠'는 무뚝뚝
하게 말하면서 행동은 사뭇 다른 아빠의 모습을 귀여워하는 표현으
로, 주로 동물과의 관계에서 많이 언급되었다. 안 그런 척하면서 뒤
로 다 챙겨주는 츤데레 아빠는 마냥 다정한 아빠와는 다르다. 이는
시대마다 전형적으로 나타나는 아버지상의 과도기로 보인다.

과거 전형적인 아버지의 모습을 살펴보면 어떠한 흐름이 있다는
것을 알 수 있다. 2000년대만 해도 한국의 전형적인 아버지상은 가
부장적인 아버지, 무뚝뚝하고 엄한 아버지였다. 하지만 이후 〈슈퍼
맨이 돌아왔다〉, 〈아빠, 어디 가〉와 같은 프로그램이 인기를 끌면서
친구 같은 아빠, 딸바보 아빠가 유행하기 시작했다. 그리고 그 과도
기에 '츤데레 아빠'와 같은 키워드가 나타났다.

그로부터 10년 뒤인 2024년에는 육아에 적극 관여하거나 운동,
요리와 같은 취미를 가진 아빠가 언급되고 있다.

"아내가 육아휴직 어려운 직장이라 내가 육아휴직했고 6개월 됐음(아

이 8개월) 처음에 긴가민가 했는데 정말 후회가 없다. 애기 자라는 거 보는 게 너무 행복해(…) 출산율 올리려면 집도 집이지만 남자 육아휴직을 쉽게 해줘야 함 공무원도 남자는 육아휴직 하기 힘든 세상이니 아직도 꼰대들은 애는 여자가 키워야지~ 이러면서 육아휴직하는 남자 직원들한데 뭐라 그럼…"

물론 마음만 먹는다고 '육아 아빠', '육아휴직 아빠'가 쉽게 실현되는 건 아니다. 아빠의 의지가 충만해도 회사에서 허락하지 않으면 육아휴직을 할 수 없는 게 현실이다. 과거에는 회사라는 외부적 요인은 물론이고 아빠 스스로도 육아에 그다지 관심 없는 경우가 많았다. 다음은 2014년 4월에 작성된 소셜미디어 글이다.

"그냥 때 되어 결혼하고 결혼했으니 아이 생기고 육아와 가사는 피곤하니 사무실서 식비 야근비 타가며 빈둥빈둥 관리자 정도 되면 이제 회사가 있어 가족들 먹여 살린다고 합리화하며 맨날 쓸데없는 야근과 주말까지 나와서 하릴없이 빈둥빈둥 가족들과는 데면데면해지고 나중엔 뭘 위해 사나 걱정되어 보이더군요."

그러나 지금은 자신을 '용띠 아빠'라 부르며 육아에 적극 관여하는 아빠들이 나타나고 있다. 이런 표현은 얼마 전까지 엄마들의 커뮤니티에서 주로 보이던 수식어였다. 그런데 이제는 아빠들도 자녀 또래의 육아 정보를 공유받고 커뮤니티를 형성하려는 움직임이 나타난다. 또한 '딸바보 아빠', '아들바보 아빠', '도치 아빠'와 같이 자녀를 예뻐하는 자신을 떳떳하게 드러내는 문화가 확산되고 있다.

"애기가 10개월 됐는데 너무 귀여워서 미치겠어요ㅋㅋ 원래 애기를 좋아하는 편은 아닌데 내 애기라 그런지 예뻐 죽겠어요ㅜㅠ 완전 팔불출+도치아빠가 돼서 자랑하고 싶은데 자랑할 곳이 없어 익명의 힘으로 자랑해봅니다!"
"제가 꿈꿔왔던 몸과 가정의 모습… 꿈꿔왔던 사랑하는 아이와 운동하는 모습을 이루고 계시는 님이 너무 부럽고 응원합니다. 행복한 사람, 행복한 남편, 행복한 아빠 계속 유지요. 파이팅!"

자녀와의 관계 외에 '운동하는 아빠', '요리하는 아빠'도 주목받고 있다. 자녀에게 애정을 쏟되 자신의 취미와 활력을 잃지 않으려 노력하는 아빠가 이상적 아빠로 언급된다. 특히 요리는 과거의 아버지들에게는 기대하기 어려운 영역이었다. 하지만 이제는 아빠들도 기꺼이 요리를 한다. 끼니를 해결하기보다는 취미로 가족에게 대접하는 요리다.

이번에는 엄마의 변화를 보자. 10년 전 엄마들의 관심사는 오직 교육이었다. 높은 교육열을 자랑하는 '극성엄마'와 '돼지엄마'와 같은 표현이 단적인 예다. '돼지엄마'는 교육열이 매우 높고 사교육 정보에 정통하여 다른 엄마들을 이끄는 엄마를 가리키는 학원가의 은

⟨'○○ 엄마' 순위⟩

	2014년		2024년(~8월)
1	우리 엄마	1	우리 엄마
2	친정엄마	2	친정엄마
3	아이엄마	3	초보엄마
4	초보엄마	4	#운동하는엄마
5	젊은 엄마	5	아이엄마
6	강남엄마	6	#책읽는엄마
7	아들엄마	7	동네엄마
8	동네엄마	8	개엄마
9	도치엄마	9	#요리하는엄마
10	목동엄마	10	#일하는엄마
11	짱구엄마	11	젊은 엄마
12	불량엄마	12	딸바보엄마
13	보통엄마	13	임보엄마
14	극성엄마	14	똥손엄마
15	예쁜 엄마	15	#관리하는엄마
16	팔불출엄마	16	#돈잘버는엄마
17	의사엄마	17	쌍둥이엄마
18	돼지엄마	18	보통엄마
19	고양이엄마	19	#홈트하는엄마
20	귀차니즘 엄마	20	#공부하는엄마

출처 | 생활변화관측소, 블로그+인스타그램+엑스+커뮤니티, 2014.01.01~2014.12.31 vs 2024.01.01~2024.08.31

어다. 이들은 학원가에서 막강한 영향력을 가진 리더 엄마다. 당시 소셜상에서는 돼지엄마를 비판적으로 바라보는 시선과, 그들의 정보력을 원하고 궁극적으로는 그들이 모여 있는 강남, 목동에 거주하고자 하는 양가적인 심리가 많이 언급되었다.

> "사람들 강남 돼지엄마 욕하면서 난 저렇게 안 키울 겁니다 하는데 그게 아니라 솔직히 저렇게 키울 능력이 안 되는 거지…"

하지만 2024년에는 교육열보다는 '운동하는 엄마', '책 읽는 엄마', '공부하는 엄마'와 같이 자기계발에 힘쓰는 엄마를 더 많이 언급하고 있다. 이와 함께 '일하는 엄마'가 뜬 것도 특징적이다. 예전에는 학군 좋은 지역에서 자녀 교육을 그 누구보다 잘 시키는 것으로 엄마의 능력치를 드러냈다면, 지금은 엄마 자신에게 집중한다.

> "일하는 엄마가 멋있는 거 같아요ㅎㅎㅎ
> 아무리 힘들어도 본인 능력으로 일하는 모습이 멋있는 거 같아요"

이와 함께 주목할 중요한 차이점은 어떠한 엄마라는 '○○엄마'가 타자적 키워드에서 자발적 발화 키워드로 바뀌었다는 사실이다. 10년 전에는 '극성엄마', '강남엄마'와 같이 남들 혹은 사회가 보는 시선이 중심이었다면, 지금은 '운동하는 엄마', '일하는 엄마'와 같이 내가 어떤 엄마인지 나타내는 키워드가 주로 쓰이고 있다.

엄마의 변화는 아빠의 변화와는 사뭇 대조적이다. 경제적 능력치가 중요하던 아빠에서 자녀에게 집중하는 아빠로 변화했다면, 자녀에게 헌신하던 엄마는 자신에게 집중하는 모습으로 바뀌었다. 서로 반대 방향으로 가고 있다는 점에서 가족 구성원의 역할 변화뿐 아니라 시대의 변화를 읽을 수 있다.

요리하는 남편, 돈 잘 버는 아내

그렇다면 부모 말고 부부의 모습은 어떻게 바뀌었을까?

남편의 변화를 먼저 살펴보자. 10년 전의 남편은 부모에게 효도하지만 여전히 아이처럼 만화와 게임을 좋아하는 철부지 남편으로 묘사되었다. 이상적인 부분은 아빠에서와 같이 경제적 능력에서 주로 거론되었다. 하지만 2024년에는 직업이나 경제적 능력이 훌륭한 남편보다 '요리하는 남편'을 더 많이 이야기한다. '요리하는 아빠'의 상승과 궤를 같이하는 모습인데, 여기서도 마찬가지로 '요리하는 남편'은 매 끼니를 책임지는 주부의 요리라기보다는 가끔 가족들에게 대접하는 요리를 의미한다.

이와 관련해 '짜파게티 남편'이라는 특이한 키워드도 많이 언급되고 있었는데, 이는 일종의 밈이다. 남편이 짜파게티를 너무 잘 끓였다며 한 번만 맛봐달라고 누워 있는 아내에게 굳이 한 젓가락 권하고, 아내는 침대에 면이 떨어질까 봐 짜증 났다는 푸념 섞인 글이 커뮤니티에 올라왔다. 여기에 '남편이 귀엽다, 스윗하다, 자랑하려고 올린 글 같다'고 부러워하는 댓글이 달리며 유명해졌고, 일부 사

〈'○○남편' 순위〉

	2014년		2024년(~8월)
1	우리 남편	1	우리 남편
2	미래남편	2	#요리하는남편
3	의사남편	3	미래남편
4	연하남편	4	연하남편
5	철부지남편	5	웬수남편
6	보통남편	6	군인남편
7	훈남남편	7	자유남편
8	효자남편	8	보통남편
9	일등남편	9	의사남편
10	바보남편	10	맵찔이남편
11	백수남편	11	사랑꾼남편
12	동갑내기 남편	12	주말남편
13	주말남편	13	짜파게티 남편
14	부자남편	14	딸바보남편
15	군인남편	15	연상남편
16	젊은 남편	16	초딩입맛 남편
17	변호사남편	17	스윗한 남편
18	초딩입맛 남편	18	효자남편
19	오타쿠남편	19	#철없는남편
20	게임중독 남편	20	#잘생긴남편

출처 | 생활변화관측소, 블로그+인스타그램+엑스+커뮤니티, 2014.01.01.~2014.12.31. vs 2024.01.01~2024.08.31

람들에게는 '짜파게티 남편미'라는 용어로 쓰이기도 했다. 이 키워드에서도 볼 수 있듯이 지금은 가족을 위해 요리하는 남편이 이상적이며, 요리해주는 행위에서 사랑을 느낀다.

"ㅋㅋ 원빈이 짜파게티 남편ㅋㅋㅋㅋ

원빈이 맛있는 음식 발견할 때마다 너무 간절하게 추천함 아내 깨워서 짜파게티 맥이려고 사정사정하는 남편 같음"

그 외의 특기할 만한 변화는 철부지 취미를 가진 남편에서 철부지 입맛을 가진 남편으로 변했다는 점이다. 남편에 관한 한 '철부지'는 변하지 않는 속성인 듯하다.

"초딩 입맛 반찬 추천 좀 내가 요즘 키토 식단 해준다고 저녁상 차릴 때 늘 건강 반찬만 놓느라 남편이 티비에서 맛있는 거 (대체로 초딩 입맛) 지나가면 눈이 반짝해지는데, 오늘 이벤트성으로 밑반찬 두어 개 정도 더 놓을까 함. 서른여덟 아저씨 입맛에 뭐가 맛있을까 일단 집에 용가리 있음! 장보러 가는데 댓글 부탁해"

마지막으로 아내의 변화를 살펴보자. 남편들이 어떤 아내를 말하는지 데이터를 보았을 때 아내에 대한 로망의 변화가 감지된다. 10년 전에는 예쁜 외모나 첫사랑을 말했다면, 지금 가장 많이 말하는 것은 '돈 잘 버는 아내'다. 이 또한 엄마의 변화와 궤를 같이한다. 엄

⟨'○○아내' 순위⟩

	2014년		2024년(~8월)
1	미래아내	1	#돈잘버는아내
2	젊은 아내	2	현명한 아내
3	현명한 아내	3	젊은 아내
4	미인아내	4	이쁜 아내
5	미녀아내	5	#밥잘차려주는예쁜아내
6	연상아내	6	임산부아내
7	교사아내	7	사랑하는 아내
8	비만아내	8	공무원아내
9	군인아내	9	연하아내
10	보통아내	10	미래아내
11	변호사아내	11	연상아내
12	만삭아내	12	동갑내기 아내
13	연하아내	13	전업주부 아내
14	동갑내기 아내	14	#요리하는아내
15	의사아내	15	#도시락싸는아내
16	맞벌이아내	16	의사아내
17	첫사랑아내	17	승무원아내
18	바보아내	18	변호사아내
19	일등아내	19	회사원아내
20	미모아내	20	주말아내

출처 | 생활변화관측소, 블로그+인스타그램+엑스+커뮤니티, 2014.01.01~2014.12.31 vs 2024.01.01~2024.08.31

마와 아빠가 '자녀에게 집중'이라는 지점에서 서로 반대 방향으로 가고 있다면, 아내와 남편은 '경제적 능력'이라는 부분에서 서로 반대 방향으로 향하는 모습을 보인다. 이상적 남편의 방향성이 '경제적 능력'에서 '요리'로 가고 있다면, 아내는 '외적 요소'에서 '경제적 능력'으로 바뀌고 있다. 아내에게서도 '요리'는 이상적 요소로 나타나지만 남편과는 뉘앙스의 차이가 있다. 남편이 '대접의 요리'였다면, 아내는 '끼니의 요리'다. '밥 잘 차려주는 예쁜 아내', '도시락 싸는 아내' 등이 그 예다.

> "요샌 다 맞벌이에 엄마세대처럼 밥 잘 차려주는 아내가 워낙 희소해져서 그 가치가 매우 높아진 거 같음. 이제는 밥만 잘해줘도 남편이 충성을 바치는 지경인 거 같음. 인기글에 남편한테 싸주는 도시락 글이 핫하길래 드는 생각임"

맞벌이가 일반화되면서 끼니를 잘 챙겨주는 아내가 희소해진 오늘날, 이상적인 아내의 요소로 과거에는 당연하게 여겼던 '밥'과 '도시락'이 꼽히고 있다.

가족의 이상과 현실, 그 사이의 2030

지금까지 살펴본 가족상의 변화에는 이상적 모습과 현실의 모습

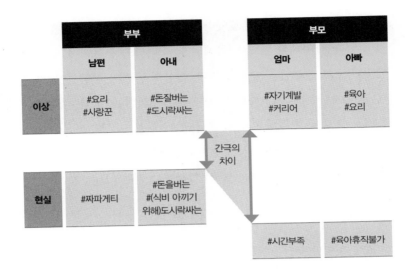

부부			부모		
	남편	아내		엄마	아빠
이상	#요리 #사랑꾼	#돈잘버는 #도시락싸는		#자기계발 #커리어	#육아 #요리
현실	#짜파게티	#돈을버는 #(식비 아끼기 위해)도시락싸는			
				#시간부족	#육아휴직불가

간극의 차이

이 섞여 있다. 도표로 정리하면 위와 같다. 이상적 남편은 나를 위해 요리해주는 사랑꾼 남편이지만, 현실의 남편은 대단한 요리가 아닌 짜파게티 정도를 끓여준다. 하지만 짜파게티를 대접하는 것조차 애정 표현의 일부로 받아들여지고 있으니 어찌 보면 개중에는 이상과 현실의 괴리가 작은 편이라 할 수 있다. 아내는 간극이 더 크다. 이상적 아내는 돈을 잘 벌거나 애정이 담긴 도시락을 싸주는 아내이지만 현실의 아내는 돈을 '잘' 버는 게 아니라 그냥 벌어오고, 애정 때문이 아니라 식비를 아끼려고 도시락을 싼다.

물론 이상과 다르다고 해서 현실의 부부들이 서로에게 실망하는 것은 아니다. 애정과 돈이 넘치는 로망과는 다른 현실을 인정하고 열심히 살아갈 뿐이다. 따지고 보면 부부의 이상과 현실의 갭이 그리 큰 것도 아니다. 요리는 짜파게티로, 애정이 담긴 도시락은 식비 절약 도시락으로, 조금씩 다르지만 실현되고고 있으니 말이다. 앞서 살펴본 가구 유형에서 젊은 세대의 부부 가구가 1%밖에 감소하지 않은 이유도 이처럼 이상과 현실의 차이가 크지 않아서인 것은 아닐까.

반면 부모는 이상과 현실의 간극이 훨씬 크다. 사람들이 되고 싶은 엄마는 커리어를 잃지 않고 자신의 성장에 힘쓰는 멋진 여성이다. 일, 육아, 자기계발 그 무엇도 놓치고 싶지 않은 '갓생맘'을 꿈꾼다. 하지만 현실에서는 애초에 커리어가 단절되거나, 자기계발은커녕 일과 육아에 시간을 배분하기에도 벅차다. 아빠는 어떤가. 이상적인 모습은 자녀가 어릴 때부터 육아에 깊이 관여하며 가족을 위해 요리하는 자상한 아빠다. 하지만 현실의 아빠는 육아휴직을 사용하기가 여전히 어려워 아이가 자라는 시간을 함께하지 못하고, 요리에 관심 가질 시간도 여유도 없이 지쳐 있다. 이처럼 이상과 현실의 괴리가 크기에 자녀를 둔 젊은 부부 가구가 10년 새 9.7%나 줄어든 것은 아닐지. 가장 큰 걸림돌은 일과 자녀 외에 자신에게도 신경 쓸 수 있는 '시간적 여유'와 자녀에게 온전히 집중할 수 있게 해주는 '환경'이었다.

그런데 이 괴리 사이에 재미있는 지점이 있다. 바로 '요리'다. 부부, 부모 모두 이상과 현실 사이에 '요리'가 존재한다. 사람들이 말하는 이상적 가족에는 항상 요리가 있다. 여기서 요리는 대단한 퀄리티를 자랑하는 요리가 아니라, 짜파게티라도 가족에게 대접하는 의미가 담긴 요리다. 우리가 이상과 현실의 간극을 좁히기 위해 가장 먼저 시도해볼 수 있는 것이 이것일지도 모른다.

"요리 모르는 딸부자 아빠입니다. 아이들과 마음의 거리 점점 멀어지는 거 같아서 안타까웠는데 지난 주말에 큰맘 먹고 없는 용기 짜내서 셰프님 요리 영상 보고 따라해서 아이들 먹였네요. 딸내미 3 다 엄지 척 중딩 1학년 지나고서는 못 받아본 볼 뽀뽀도 받았네요. 집사람도 제 등 토닥토닥해줘서 간만에 가장 체면이 섰습니다. 항상 감사드리고 셰프님 건강하시고 번창하시고 행복하세요~"

지금까지 살펴본 가족의 변화를 한 문장으로 요약한다면 이렇게 말할 수 있겠다. '판타지 가득한 화목함을 내려놓고, 진실된 불편함을 말하고, 인생네컷과 요리로 불편함을 함께 지워 나간다.'

새로운 가족을 형성하지 않으려는 2030의 선택에는 가족에 대한 인식 변화가 작용하고 있었다. 변화의 시작은 '화목한 가족'이라는 프레임에서 벗어나 '불편함'을 말한다는 것이다. 그 불편함은 어린 시절 원가족에게서 비롯된 감성으로 가족과 연관된 재정, 가치, 활동 영역에도 영향을 미쳤다. 그리고 이제 어른이 된 이들은 그 요소들을 하나씩 지워가고 있다. 이 과정에서 나타난 현상 중 하나가 가족 형태의 변화다. 원가족에게 느꼈던 불편함을 극단적으로 배제한 형태가 바로 1인가구다. 2030 내에서 1인가구의 비중이 크게 높아진 것은 주지의 사실이다. 또 다른 선택지로 혼인이나 혈연으로 묶

오늘날의 가족 :
판타지 가득한 화목함을 내려놓고,
진실된 불편함을 말하고,
인생네컷과 요리로
불편함을 함께 지워 나간다.

새로운 엄마 아빠 아내 남편

이지 않은 가족관계를 선택하는 2030도 늘어나고 있다.

한편 입지가 예전만 못한 부부 및 부모 가족은 변화를 겪고 있다. 2030이 어린 시절 보고 자란 엄마는 교육에 극성이었고, 아빠는 생계를 책임지는 대신 자녀 교육에는 무관심했다. 하지만 어른이 된 2030이 지향하는 부모는 자신의 일과 성장을 포기하지 않는 엄마, 그리고 아이에게 관심 많은 요리하는 아빠다. 물론 이상적인 부모가 되려면 현실의 많은 장벽을 넘어야 한다. 이에 비하면 이상적인 부부의 모습과 현실과의 간극은 상대적으로 크지 않은 것으로 나타났다.

이상과 현실의 괴리는 그만큼의 실현 불가능성을 의미한다. 되고자 하는 남편과 아내는 현실에서 손에 닿을 수 있는 거리에 있었다. 이는 '짜파게티'와 '도시락'이라는 키워드로 나타난다. 이들이 되고자 하는 부부의 모습은 자신의 노력으로 어느 정도 실현 가능하다. 반면 엄마와 아빠는 그렇지 않다. 자녀를 키우려면 훨씬 큰 지원과 자원이 필요하다. 이는 나 혼자의 힘으로 해결하기가 힘들다.

이런 실현 불가능성은 2030에게 '나락감지 센서'를 작동시킨다. 2030들이 그간 소셜미디어와 투자 경험에서 학습한 개념이 바로 나락감지 센서다. "엔디비아 나락 감지하고 3일 전에 익절한 나 대견해", "침착맨 지금까지 뛰어난 나락감지력으로 살아남은 거 대단. 계속 살아남아줘" 등의 예시에서 알 수 있듯이, 2030은 나락감지 센서를 살아가는 데 없어서는 안 될 굉장히 중요한 능력으로 여긴다. 그리고 당연하게도 자신의 인생과 미래 계획에도 이 능력을 유감없이 발휘한다.

"1. 치열한 경쟁으로 나 혼자 먹고 살기도 바쁨 2. 낳는다고 해도 사교
육비가 어마어마해서 감당 가능할지 의문임 3. 감당했다고 해도 노후
자금이 없음 폐지 주우며 노년을 버티는 기성세대를 보면서 더욱 확
신. 경쟁에 승리한 극소수 외엔 출산은 인생 나락으로 가는 직행열차
인데 어떻게 낳겠음 내 자신뿐만 아니라 자식까지 나락 가는데."

아이를 낳지 않겠다는 선택 또한 나락감지 센서가 작동한 결과일
지 모른다. 이들은 자녀가 아니더라도 이미 인생이 나락으로 갈 수
도 있는 수많은 지뢰 사이에 있다고 느낀다. 그런 마당에 또 다른
리스크 요인을 더할 수 없다는 게 이들의 선택인 것이다. 새로운 가
족을 이루는 게 곧 행복해지는 길이라고 생각하지도 않는다면 더
욱 그렇다.

지금 우리는 가족, 결혼, 육아라는 인생의 거대한 명제를 사회적
으로 재개념화하는 과정에 있다. 예전에는 '결혼해야만 행복하다'
는 명제가 지배적이었다. 그러다 '결혼한다고 무조건 행복한 것은
아니다'라는 인식이 생겨났다. 지금은 이 두 명제를 넘어 '결혼과
행복을 연관 지을 필요가 있을까?'라는 보다 근본적인 질문을 하고
있는지도 모른다. 결혼하지 않아서 불행한 것도, 결혼을 해서 불행
한 것도 아니다. 반대로 결혼을 한다고 무조건 행복한 것도, 결혼하
지 않아서 행복한 것도 아니라는 것을 인지하기 시작한 것이다. 부

부 가족이나, 아이가 있는 집이나, 혼자 사는 사람이나, 친구와 함께 사는 사람이나 '행복'이라는 척도에서 누가 덜하고 더하고의 문제로 바라보지 않는다. 그러니 우리도 가족을 '화목'과 '행복/불행'의 프레임으로만 바라보는 관행을 멈추어야 하지 않을까? 과거의 프레임에서 벗어나 있는 그대로의 변화를 바라볼 필요가 있다.

지금까지 소셜 데이터로 가족에 대한 인식과 형태의 변화에 대해 살펴보았다. 이제 처음의 질문으로 돌아가 보자. 오늘날 가족의 의미란 무엇인가? 가족에 대한 재개념화가 이루어지는 지금, 기업과 브랜드는 가족을 어떤 존재로 바라보고 표현하고 있는가?

이 질문에 화답하는 브랜드가 있다. 건설사 '스위첸'이다. 스위첸의 광고는 항상 가족 이야기를 한다. 건설사의 상품인 아파트를 이야기하는 대신 아파트에 사는 가족에 대해 말하고 있다. 그런데 그 모습이 '이상적'이지는 않다. '엄마의 빈 방'부터 '문명의 충돌' 시리즈, '식구의 부활'까지 스위첸의 모든 광고 시리즈는 완벽하고 이상적인 형태의 가족을 조명하지 않는다. 너무 당연한 말인지도 모르지만, 가족이어서 느낄 수 있는 행복은 물론 고통과 현실까지 모두 보여준다.

"와 근데 정말 광고라기엔 너무 가족의 현실성과 고통과 그 사이의 행복을 잘 표현한 것 같아요. 각본이랑 배우들도 너무 소화 잘하시는 듯…"

"이번 KCC 스위첸 광고는 하고 싶은 말과 듣고 싶은 말이 아니라 'KCC 스위첸만이 할 수 있는 말을 하는' 광고 같네요. 누군가가 해주길 기다리던 말이었던 것 같아요… 같이 먹는 한 끼의 소중함…"

당신에게 가족은 어떤 의미인가? 사회적 통념에 따른 관념적인 의미, 소셜 데이터로 본 통계적 결과값이 아닌, 당신 마음속의 가족에 대해 생각해볼 차례다.

1. 마냥 사이 좋은 가족의 씬이 아닌 실천적 행위를 제시하자.
#인생네컷 #데이트

'화목한 가족'을 위해 누군가는 불편함을 견뎌야 했지만, 지금의 가족은 누군가의 희생을 강요하지 않는다. '화목한 가족'이라는 프레임에서 벗어나, 모두가 편할 수 있는 방향으로 함께 노력하는 것이 이 시대의 가족이다. '인생네컷'은 딱딱하고 의무적이었던 '가족사진'이라는 연례행사를 '가족끼리의 데이트' 수단으로 바꿔놓았다. 우리 브랜드가 가족의 불편함을 제거해줄 수 있는 것은 무엇일까?

2. 1인가구가 증가한다고 '가족'이 없어지지는 않는다.
변화된 가족의 개념을 살피자.

2030이 생각하는 '부양'에는 자기 자신도 포함되어 있다. 나 자신을 먹여 살리기 위해 애쓰는 이들은 식솔이 없어도 이미 한 가정의 가장이다. 단순히 혼자 사는 싱글로 바라볼 게 아니라, 1인가구도 엄연한 한 가정의 '가장'임을 잊지 말자.

3. 행복한 가정의 씬에 있어야 할 것은 가족을 위해
요리하는 아빠와 남편이다.

현실의 부부와 부모, 이상의 부부와 부모 사이의 간극에는 '요리'가 있다. 이상적 가족에는 요리하는 아빠와 남편 그리고 도시락을 싸는 아내가 있다. 우리 브랜드의 타깃이 가족에 있다면 요리를 두려워하지 않는 아빠, 남편이 될 수 있도록 도와주자.

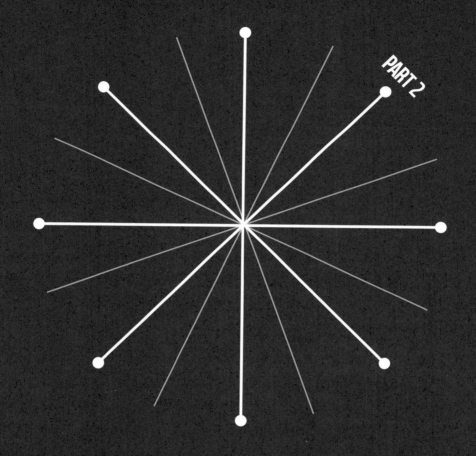

PART 2

새로운 시대 정서

Chapter 4

주류 감성의 변화는 작용과 반작용의 끝없는 반복이다. 그 시점은 사람들이 '현타'를 느낄 때다.

연애 프로그램으로 읽는 주류 감성 _유지헌

연애, 정말 시대의 감성일까

2024년 한국을 살아가는 사람들에게 연애의 의미에 대해 물어보자. 2022년 인구보건복지협회가 진행한 '청년의 연애와 결혼 그리고 성 인식 조사'에서 설문에 응답한 청년 1000여 명 중 65%가 비연애 중이며, 그중 70%가 자발적으로 비연애를 선택했다고 답했다. 연애하고 싶지 않은 이유로는 '여유가 없어서', 그다음으로는 '연애 자체에 관심이 없어서'가 꼽혔다. 청년 세대에게 연애의 의미가 점차 작아진다는 것을 짐작할 수 있는 결과다.

그런데 아이러니하게도 최근 2년간 한국을 들썩이게 했던 대표적인 콘텐츠는 다름 아닌 〈환승연애〉와 〈나는 솔로〉 등 누군가의 연애를 관찰하는 프로그램이다. 시즌을 거듭하고 있는 두 프로그램 외에도 연애 콘텐츠는 끝도 없이 만들어지고 있으며, 저마다 차별화를 꾀하기 위해 포맷과 출연진 유형이 다양해지고 있다. 남매가 함께 출연해 혈육의 연애를 지켜보는 〈연애남매〉, 타인의 연애운을 점쳐주던 점술가들이 자신의 연애운을 점친다는 제작 의도로 화제를 모았던 〈신들린 연애〉, 고령사회를 반영하듯 50대의 사랑 이야기를 담은 〈끝사랑〉 등 2024년에도 다양한 연애 프로그램이 등장해 인기를 끌었다.

청년 세대조차 연애에 관심 없다고 말하는 비연애의 시대에 연애 프로그램이 이처럼 인기를 누리는 모순을 어떻게 설명할 수 있을까? 최근 가장 인기를 누렸던 두 연애 프로그램의 흥행 요인을 분석하며 이면의 심리를 알아보고자 한다.

〈환승연애〉, 눈물로 이뤄낸 과몰입

〈환승연애〉의 프로그램 소개는 다음과 같다. "다양한 이유로 이별한 커플들이 한 집에 모여 지나간 연애를 되짚고 새로운 인연을 마주하며 자신만의 사랑을 찾아가는 연애 리얼리티 프로그램." 헤어진 연인들이 함께 나오고, 나의 X(옛 연인)가 새로운 사람과 만나는 과정을 지켜본다는 컨셉으로 방영 전부터 큰 화제를 모았다. 어떻게 보면 한없이 자극적이기만 한 포맷이다. 하지만 실제 시청자들이 〈환승연애〉에 어떻게 반응했는지 살펴보면, 그 양상은 예상과 사뭇 다르다.

〈환승연애〉를 대표하는 키워드는 '눈물'과 '과몰입'이다. X와의 추억을 잊지 못하고 여전히 그리워하는 사람, X와의 추억을 뒤로 하고 새로운 인연을 만나려 노력하는 사람들이 빚어내는 얽히고설킨 상

<**'환승연애' 연관어 순위**>

연관어	
1	커플
2	눈물
3	과몰입
4	출연자
5	장면
6	대화
7	이해
8	인터뷰
9	정주행
10	조합

출처 | 생활변화관측소, 블로그+엑스+
커뮤니티, 2022.01.01~2022.12.31

황에 출연자도 시청자도 눈물을 흘렸다. 누군가는 자신의 과거 모습이 떠올랐을 수도 있고, 누군가는 그저 보이는 모습이 안타까워서 그랬을 것이다. 시청자가 흘린 눈물의 이유는 각양각색이지만 이 모든 눈물에 전제되어야 하는 것은 '몰입'이다.

2024년까지 방영된 세 시즌 중 화제성과 인기 면에서 가장 돋보였던 〈환승연애2〉, 그중 최고 명장면은 여성 출연자가 화장대 앞에서 애써 눈물을 삼키는 장면이다. 그는 아직 미련이 남은 X가 다른 이성과 데이트하러 나가는 모습을 지켜보아야 했다. 사실 이러한 경험이 일반적인 것은 아니며, 이 방송만의 특수한 포맷 때문에 가능했던 상황이다. 그러므로 단순히 그 상황에 대한 공감과 감정이입만으로는 이 장면에 대한 뜨거운 반응을 온전히 설명할 수 없다.

그보다는 이 프로그램의 가장 큰 강점인 '서사'에서 이유를 찾아야 할 것이다. 짧다면 짧고 길다면 긴 시간 동안 둘만의 서사를 쌓았던 연인들이 모인 자리다. 프로그램에서는 X와의 기억을 되짚는 자리가 계속 마련된다. 추억이 담긴 물품으로 가득한 X룸을 꾸미고

방에 들어간 출연자들의 눈물을 조명하는 등 그 서사를 십분 활용해 프로그램의 몰입도를 높인다. 〈환승연애〉의 연관어로 '정주행'이 있는 것 역시 그들의 서사를 중요하게 여기고 서사를 따라 몰입해가는 시청자들의 행태를 보여준다. 출연자의 과거 서사를 간접적으로 경험한 시청자들은 자연스럽게 출연자에게 몰입하게 된다.

누군가에게 몰입하게 되면 그의 과거뿐 아니라 그가 쌓아가게 될 새로운 서사에 관심이 생기는 것은 당연한 수순이다. 한 장면 한 장면에 의미를 부여하고 해석하며, 출연자의 선택에 애면글면하고 응원하는 것 모두 그에게 몰입했기 때문이다. 〈환승연애〉의 인기는 이처럼 시청자들의 과몰입으로 완성되었다.

과몰입의 시대가 저물고 있다

2018년부터 점차 나타나기 시작한 '과몰입'이라는 키워드는 MBTI의 유행과 맞물리며 언급이 급증했는데, 처음에는 상당히 긍정적인 의미였다. 사람들은 소셜 네트워크에 드라마, 캐릭터, 영화, 세계관 등 다양한 대상에 과몰입하는 자신을 드러냈고, 이는 자신이 그 대상을 얼마나 좋아하는지 나타내는 표현으로 해석되었다. 콘텐츠에 과몰입한 팬들은 팬아트를 포함한 다양한 창작물을 만들고, 논문 수준의 리뷰를 써내려가며 자신의 마음을 표현하기도 했다. 이렇게 탄생한 수많은 2차 창작물이 더 많은 이들에게 호응을 얻으며 원작 콘텐츠에도 긍정적인 영향을 미쳤다. 일례로 2024년 첫 1000만 영화였던 〈파묘〉는 후기로 올라온 팬아트가 좋은 반응을 얻으며 회자되자 배급사 마케팅팀이 직접 창작자에게 연락해 팬아트를 토대로 새로운 포스터를 발표하기도 했다.

누가 시킨 것도 아니지만, 누가 시켜서 가능한 일도 아니다. 순수한 애정에서 비롯된 활동이 선순환을 이끌어냈다. 이쯤 되면 과몰입은 하나의 능력으로 인식되기도 한다. 어떤 대상에 과몰입한다는 것은 그렇지 않은 사람보다 몇 배로 그 대상을 즐길 수 있음을 의미하기 때문이다. 급기야 '과몰입 능력'을 가진 이들을 부러워하는 사람들까지 생겼다.

> "어떤 장르를 파든 과몰입을 해본 적 없는 인간이지만… 때로는 그렇게 몰입을 하고 작품을 즐기는 분들이 부럽기도 해… 딱히 아직 무엇도 몰입해본 게 없으니 죽을 만큼 열심히 한 것도 없고… 무엇이라도 몰입하시는 분들이 가끔 존경스럽다."

과몰입 능력자들은 어떻게 그 능력을 발휘하게 된 걸까? 그들은 과몰입 자체가 그들에게 '힘'을 준다고 말한다. 앞서 살펴본 과몰입 대상의 면면에서 알 수 있듯이, 과몰입은 현실보다는 가상세계에서 이루어진다. 반복되는 일상, 짊어져야 하는 책임과 의무 아래서는 즐거움은 고사하고 있는 에너지도 뽑혀 나가기 일쑤다. 하지만 가상의 콘텐츠는 어느 정도 그러한 부담에서 자유롭고, 좋아하는 것을 즐기며 스트레스를 해소할 수 있다. 이 과정에서 생성된 긍정적 에너지가 일상을 살아가는 데에도 도움을 준다.

"근데 진짜 과몰입은 아름다운 거임⋯ 살아갈 힘을 줌⋯⋯⋯
과몰입해야 또 현생을 살아갈 힘을 얻죠!!!"

그런데 시간이 가면서 과몰입의 감성이 점차 부정적으로 바뀌었
다. 과도한 몰입이 주변에 그리고 자신에게 미치는 영향을 부정적
으로 인식하기 시작한 것이다.

"재미는 과몰입에 비례한다고 생각하고 그렇게 경험해 왔는데 이 팀
야구는 과몰입할수록 내 정신건강과 몸 건강에 좋지 않은 것 같아"
"슬슬 과몰입에서 벗어나는 중이야⋯ 나 자신이 너무 한심해지는 느
낌임"
"방송에 과몰입해서 출연자들 욕하는 거 진짜 보기 안 좋음 과몰입 그
만하고 현생 좀 살아"

과몰입의 반대편에 있는 키워드로 '현생'(현실의 삶), '건강' 등이
거론되는 것을 보면 과몰입은 현실과 유리된 것, 건강하지 않은 것
으로 인식되고 있음을 알 수 있다. 그런데 여기에서 더 특징적인 것
은, 타인이 아니라 '과몰입하는 자신'을 부정적으로 인식하는 자조
적 표현의 증가가 두드러진다는 것이다.

과몰입이 주목받기 시작했던 2018년부터 3년간의 데이터를 살
펴보면, 과몰입과 함께 언급되는 부정감성어 중에서 '현타'의 순위
가 급격히 상승했다. '현타'란 자극이 지나가거나 욕구가 충족된 후

〈'과몰입' 연관 부정감성어 순위〉

2018년		2019년		2020년	
1	힘들다	1	힘들다	1	힘들다
2	싫다	2	싫다	2	싫다
3	이상하다	3	스트레스	3	좋지 않다
4	싫어하다	4	좋지 않다	4	스트레스
5	스트레스	5	해롭다	5	현타
6	좋지 않다	6	이상하다	6	지나치다
7	이상하다	7	지나치다	7	이상하다
8	과하다	8	현타	8	과하다
9	지나치다	9	과하다	9	해롭다
10	현타	10	짜증나다	10	짜증나다

출처 | 생활변화관측소, 블로그+엑스+커뮤니티, 2018.01.01~2020.12.31

현실로 돌아왔을 때 느끼는 허망하고 공허한 상태를 이르는 말이
다. 국어사전에서는 '현실 자각 타임'의 줄임말이라 설명하고 있다.
어떤 대상에 과몰입할수록 감정은 급격하게 소모되고 현실로 돌아
왔을 때 스트레스도 크다. 이런 경험이 반복되면서 과몰입 자체에
대한 회의감이 들고, 그것을 사람들은 '현타'라 표현했다.

"나 진짜 과몰입 안 하고 라이트 덕질하고 싶은데 요새 너무 스트레스
받고 내가 왜 이렇게까지 스트레스 받아야 하는지 현타 와서 두 배로
스트레스 받음"

"과몰입의 끝은 정병(정신병)과 현타라고 생각되니까 그냥 가성비 덕질만 하게 되네"

'현타'라는 표현은 현 상태에 대한 회의감을 드러낼 뿐 아니라 그 다음 행동을 결정하는 데에도 영향을 미친다는 점에서 의미가 있다. 현실을 자각한 사람들은 과몰입 상태에서 벗어난 후 다시 돌아가지 않기를 원한다. '가성비 덕질'을 하는 사람들이 그 예시다. 사실 어떤 대상을 열정적으로 사랑하는 '덕질'과 가장 어울리지 않는 것이 '가성비'다. 가성비를 고려한다는 것은 내가 투여한 시간, 돈 등의 자원과 그에 따라오는 결과를 비교하고 효용을 따진다는 의미다. 본디 사랑이란 대가를 바라지 않는 것, 효용을 따지지 않는 것이라 하지 않던가. 하지만 과몰입의 시간을 겪은 사람들은 현실을 자각하고, 현실로 돌아와 투입 대비 산출을 고려하기 시작했다. 현타를 맞은 과몰입의 시대가 저문 것이다.

〈나는 솔로〉가 대표하는 도파민의 시대

과몰입이 저무는 타이밍에 혜성같이 등장한 키워드가 '도파민'이다. 2023년 2분기에 '과몰입'의 언급량을 역전한 '도파민'은 그 후로도 꾸준히 상승세를 보이고 있다.

도파민은 신경전달물질로 작용하는 유기화학물로, 뇌신경 세포

〈'과몰입' vs '도파민' 언급 추이〉

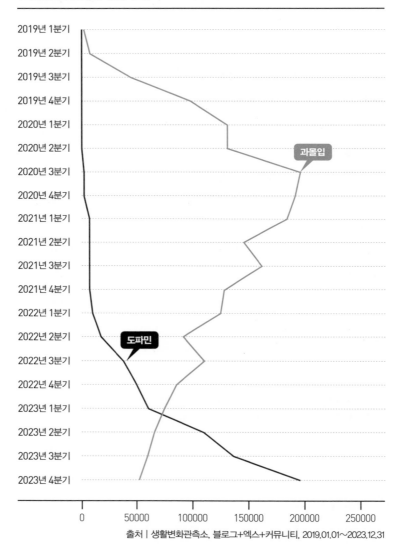

출처 | 생활변화관측소, 블로그+엑스+커뮤니티, 2019.01.01~2023.12.31

의 흥분을 전달한다고 알려져 있다. 정의에서 알 수 있듯이 일상과
는 멀리 떨어진 생물학적 용어인데, 2022년부터 꾸준히 언급량이
늘더니 시간이 갈수록 널리 퍼지며 이제는 일상적인 표현이 되었
다. 사람들은 강한 자극으로 흥분되는 상황을 표현할 때 '도파민'이
라는 단어를 쓴다. 반대로 일상이 무료해지면 '도파민이 부족하다'
고 말하며 '도파민 터지는' 상황을 기대한다.

작금의 사람들에게 도파민이 크게 어필한 이유는 과몰입의 하락
과도 연관 지어볼 수 있다. 앞서 과몰입에서 '현타'를 겪은 사람들
이 투입 대비 산출, 즉 가성비를 고려하기 시작했다고 했다. 그런데
도파민을 충족하기 위한 행위는 가성비가 꽤 좋다. 도파민 충족에
필요한 것은 일종의 카타르시스인데, 최근 카타르시스를 '가성비
높게' 즐길 수 있는 플랫폼이 넘쳐나기 때문이다.

원래 카타르시스는 오랫동안 차곡차곡 서사를 쌓아 발단-전개-
위기 등을 거치며 극대화되는 것이었으나, 이는 콘텐츠의 시대적
흐름과 맞지 않다. 틱톡, 릴스, 쇼츠로 대표되는 짧은 영상 콘텐츠
(숏폼)가 주로 소비되는 지금은 단시간에 최대치의 카타르시스를
선사하는 것이 콘텐츠의 덕목이다. 15초 안에 상황을 파악할 수 있
는 알기 쉬운 스토리, 설명이 필요 없는 시청각적 자극이 숏폼을 지
배한다. 앉은 자리에서 손가락만 움직여 카타르시스를 얻을 수 있
는 시대에, 도파민은 최고의 가성비를 자랑하며 그 무엇보다 충족
하기 쉬운 대상이 되었다.

그래서 도파민에는 '중독'이라는 키워드가 함께 붙는다. 표준국

어대사전에 '중독'은 심리적 의존과 연관되는 개념으로 설명되며, 심리적 의존이란 약물 등을 계속 사용함으로써 '긴장과 감정적 불편을 해소하려는 것'이라 정의된다. 누구나 일상에서 긴장과 감정적 불편을 빈번히 겪고, 그 상태를 가급적 피하고 싶어 한다. 그런 이들에게 도파민은 짧은 순간이나마 감정적 불편을 지우는 역할을 한다. 과몰입이 긍정적 에너지를 생성해 현실을 살아가는 힘이 되어주었다면, 도파민은 현실의 어려움으로부터 잠깐 숨을 수 있는 도피처가 되어준다. 게다가 술, 담배, 마약처럼 눈에 띄게 유해하지도 않고, 얻는 데 제약이 있지도 않다. 언제 어디서든 콘텐츠를 보기만 하면 된다. 그래서 과몰입에는 중독되지 않던 사람들도 도파민에는 중독된다. 가성비 좋고, 쾌락적이고, 쉽기에 의존성도 높다.

그렇게 모두가 도파민에 중독되어 가던 중, 최고의 도파민을 선사한 프로그램이 나타났으니 바로 〈나는 솔로〉다.

〈나는 솔로〉는 2021년부터 방영되었지만, 가장 화제가 되었던 편은 2023년에 방송된 16기 '돌싱 특집'이다. 2023년 〈나는 솔

〈'나는 솔로' 연관어 순위〉

	연관어
1	커플
2	출연자
3	돌싱
4	대화
5	도파민
6	라방
7	나솔사계
8	역대급
9	인터뷰
10	빌런

출처 | 생활변화관측소, 블로그+엑스+
커뮤니티, 2023.01.01~2023.12.31

로〉연관어에 '돌싱'이 상위권에 있으며, '역대급', '빌런' 등의 자극적인 키워드 역시 대부분 16기와 관련이 있다. 16기 방영 당시 당황스러울 정도로 독특한 출연자들의 캐릭터, 예상치 못한 다툼과 갈등, 회차마다 갱신되는 주옥같은 멘트의 향연에 수많은 시청자가 반응했다. 그리고 그 반응의 언어는 '도파민'으로 표현되었다. 서사와 인물에 대한 과몰입이 견인한 〈환승연애〉의 흥행과는 사뭇 다른 양상이다. 보다 단순하고 원초적인 '재미'를 추구하는 심리가 〈나는 솔로〉의 흥행을 이끌었다.

"도파민이 필요해서 나는솔로 돌싱 특집 보는 중"
"도파민 부족하신 분들께… 나는솔로 추천합니다 80분 동안 예쁜 말만 하기가 힘들기는 한데 재밌음"
"나는솔로 16기 이후로 도파민 분비가 안 됩니다. 다음 기수 재미없으면 안 볼 거 같네요"

이쯤 되면 〈환승연애〉와 〈나는 솔로〉를 '연애 프로그램'으로 묶어서 바라보는 것이 타당한가 하는 의문이 든다. 그보다는 각 프로그램을 대표하는 감성을 바탕으로 설명하는 것이 더 합당하지 않을까?

과몰입이 아직 파워를 가지고 있던 시기에 〈환승연애〉가 등장했다. 과몰입할 대상을 찾던 사람들의 수요는 강력한 서사를 보유한 〈환승연애〉 출연자들을 통해 충족되었다. 과몰입이 저물고 도파민이 떠오를 때 〈나는 솔로〉가 등장해 도파민 부족을 부르짖던 사람들의 수요를 충족시켰다. 시청자들은 다른 사람의 연애를 궁금해하는 것도, 액정 너머로 대리만족을 느끼는 것도 아니었다. 두 프로그램의 흥행은 연애 프로그램의 성공스토리로 묶일 것이 아니라, 시대 감성의 변화를 보여주는 예시로 바라보아야 할 것이다.

도파민 다음의 시대 감성은?

여기서 자연스럽게 드는 궁금증이 있으니, 도파민 다음의 감성은 무엇일까 하는 것이다. 이를 위해 도파민에 대한 인식이 어떻게 변화하고 있는지를 먼저 알아볼 필요가 있겠다. 다음 도표에서 도파민과 연관된 부정감성어가 어떤 식으로 변화했는지 살펴보자.

2022년부터 꾸준히 순위가 상승하는 부정감성어는 '찌들다'이다. 주로 부정적으로 여기는 대상에 붙는 표현으로 가난, 생활고, 고생 등이 대표적인 예다. 사람들은 도파민에 찌든 상태를 어떻게 표현하고 있을까?

"유튜브를 보다 보면 도파민에 너무 찌들어 있다는 데 죄책감이 들 때도…"
"그냥 공부도 안 하고 운동도 안 하고 핸드폰만 하고 도파민에 찌든 인간이 딱 맞는 말인 것 같음 사람으로 돌아가자"

<'도파민' 연관 부정감성어 순위>

	2022년		2023년		2024년(~8월)
1	고통	1	고통	1	고통
2	피로	2	피로	2	힘들다
3	힘들다	3	힘들다	3	피로
4	불쾌한	4	과하다	4	노잼
5	비정상적	5	심하다	5	이상한
6	이상한	6	피곤하다	6	피곤하다
7	심하다	7	망가지다	7	현타
8	망가지다	8	노잼	8	찌들다
9	피곤하다	9	비정상적	9	망가지다
10	과하다	10	찌들다	10	심하다
11	지나치다	11	불쾌한	11	과하다
12	찌들다	12	유해한	12	무기력
13	노잼	13	이상한	13	불쾌한
14	불쾌감	14	지나치다	14	지치다
15	현타	15	현타	15	후회

출처 | 생활변화관측소, 블로그+엑스+커뮤니티, 2022.01.01~ 2024.08.31

"요즘 인터넷은 왜 이렇게 자애가 없어진 걸까 누군가를 물어뜯고 욕하는 것만 즐기는 것 같음… 다들 도파민에 찌든 건지, 아니면 타인을 욕하면서 본인의 자존감을 채우는 건지는 모르겠는데 그냥 조금 더 타인을 긍정적인 시선으로 바라봐 줬으면 좋겠다"

사람들은 도파민에 찌든 자신에게 죄책감을 느끼고, 타인에게는 좀 더 긍정적인 마음가짐을 주문한다. 본인이든 타인이든 도파민에 찌든 상황은 타개해야 하므로 변화를 촉구하는 것이다. 이러한 반성은 과몰입의 연관어로 살펴본 '현타'에서 비롯되는 변화를 떠올리게 하는데, 실제 2024년 들어 도파민의 연관어로도 '현타'가 급부상하고 있다.

"아니 근데 아무리 방학이라 해도 이렇게 도파민에 찌들어서 살아도 되는 거임? 나 티빙만 5시간 넘게 찍혀 있는 거 볼 때마다 현타 너무 많이 오는데…"

도파민을 추구하는 삶에서 오는 '현타'는 과몰입과는 또 다른 측면에서 바라볼 수 있다. 과몰입이 좋아하는 대상을 파고들어 더욱 깊이 이해하고자 하는 능동적인 행위라면, 도파민은 주어지는 방대한 양의 자극을 수용하여 즐기는 수동적인 행위에 가깝다. 즉 과몰입에 대한 현타는 많은 에너지를 쏟고 노력을 기울였음에도 그 행위가 현실과 유리되었다는 데서 오는 회의감이고, 도파민의 현타는 아무 노력도 하지 않고 주어지는 자극만 좇았다는 죄책감이다. 말하자면 노력에 지친 사람들이 노력을 포기했다가 다시금 능동적인 노력의 유효함을 깨닫는 중이라고도 할 수 있겠다.

이 흐름에서 본다면 과몰입과 도파민 그다음의 감성도 유추할 수 있지 않을까? 과몰입에 지치고 도파민에 찌들어 죄책감을 느낀 사람들이 자연스럽게 찾아갈 곳은, 다시 한 번 내가 능동적으로 움직여 결과를 얻을 수 있는 환경이다. 사람들은 무엇을 위해 움직이게 될까? 내가 아닌 대상에 에너지를 쏟는 과몰입은 이미 '현타'라는 부작용을 겪었다. 그렇다면 자연스럽게 사람들의 관심은 타인이 아닌 나 자신을 향하게 될 것이다. 나 자신을 위해 어떤 노력을 할까? 2024년 상반기 인기를 끌었던 연애 프로그램 〈연애남매〉에서 그 힌트를 찾아볼 수 있다.

〈연애남매〉에 나타나는 긍정 감성어를 살펴보자. '재밌다', '웃기다', '설레다', '귀엽다'… 연애를 다룬 예능 프로그램에서 기대할 만한 키워드다. 그런데 조금 다른 결의 키워드가 눈에 띈다. 바로 '좋은 사람'이다.

〈'연애남매' 연관 긍정감성어 순위〉

	연관어
1	재밌다
2	좋다
3	웃기다
4	미치다
5	진심
6	설레다
7	귀엽다
8	행복하다
9	호감
10	좋은 사람

출처 | 생활변화관측소, 블로그+엑스 +커뮤니티, 2024.01.01~2024.08.31

"연애남매 (출연자 A) 진짜 좋은 사람이다… 내내 마음에 걸렸는지 다음날 불러서 네가 뭘 잘못하거나 단점이 있는 거 아니다 넌 오히려 장점만이 가득했다 말해주는 부분 너무 좋았어…"

"연애남매 (출연자 B) 보고 책 많이 읽어야지 생각함 책 많이 읽는 것 같은데 사람이 생각도 깊어 보이고 사람들 대할 때나 대화를 이끌어가는 태도가 반듯해 보이고 똑똑한 게 느껴지더라고ㅋㅋ 볼수록 좋은 사람 같아 보였음ㅋㅋ"

과몰입에 지치고 도파민에 찌들어
죄책감을 느낀 사람들이
자연스럽게 찾아갈 곳은
내가 능동적으로 움직여
결과를 얻을 수 있는 환경이다.

좋은 사람이라고 느끼는 출연자도, 그 이유가 되는 포인트나 상황도 제각기 다르다. 누군가는 타인을 배려하고 존중하는 부분에서, 누군가는 대화에 묻어나는 사고의 깊이에서 좋은 사람이라고 느낀다. 그런데 이런 시청자들의 시선은 과몰입으로 이어지는 '팬심'이나, 도파민과 연결되는 흥미 본위의 자극 추구와는 다르다. 그들을 '닮고 싶다'는 것이다.

"나도 진짜 (출연 남매) 보면서 솔직하고 진심으로 살아야겠다 다시 한 번 결심함"

〈'좋은 사람' 연관 긍정감성어 순위〉

	2022년		2023년		2024년(~8월)
1	진심	1	진심	1	진심
2	사랑	2	사랑	2	사랑
3	행복	3	행복	3	행복
4	기대	4	기대	4	기대
5	좋아하다	5	좋아하다	5	희망
6	희망	6	노력하다	6	노력하다
7	노력하다	7	희망	7	새로운
8	다행	8	다행	8	사랑하다
9	긍정적	9	긍정적	9	긍정적
10	사랑하다	10	사랑하다	10	감사하다

출처 | 생활변화관측소, 블로그+엑스+커뮤니티, 2022.01.01~2024.08.31

연애 프로그램으로 읽는 주류 감성

"과거를 딛고 있는 그대로의 자신을 내비치는 자들이 얼마나 멋있는
지 깨달았음 진짜 (출연 남매) 본받고 싶은 사람들이야"

누구를 좋은 사람이라 여기는지는 저마다 다르지만, 그냥 지나치
지 않고 그 모습을 닮고자 하는 마음을 갖게 되고, 실제로 노력하는
모습을 보인다. '좋은 사람'의 연관어로 '노력하다'가 상승하는 것도
이러한 행태의 확산을 보여준다. 사람들은 누군가를 좋은 사람이
라고 말하면서, 나 자신도 좋은 사람이 되기를 바라고, 그렇게 되기
위해 노력하고자 한다.

물론 앞서 언급했듯이 '좋은 사람'은 어디까지나 향후 찾아올 시
대 감성에 대한 힌트일 뿐이다. 과몰입에서 결여된 것은 현실성이
었으며, 도파민에서 결여된 것은 능동성이었다. 이 두 가지를 충족
시키고자 한다면 '현실에서의 능동적인 노력'이 필요한데, '좋은 사
람'은 그 노력의 일부만을 보여주는 키워드다. 사람들이 노력할 수
있는 분야는 매우 다양하고, 그렇게 따지면 '좋은 사람'은 너무 모
호하고 제한적이다.

오히려 여기서 주목해야 할 것은 주류 감성이 변화하는 시점마다
등장하는 '현타'다. 주류가 되는 순간 반작용은 피할 수 없으며, 반
작용으로 나타나는 것은 이후 주류로 오게 될 것의 예고편이다. 그
와 같은 반작용을 상징하는 키워드가 바로 '현타'다.

주류 감성의 변화는 작용과 반작용의 끝없는 반복이다. 노력에
지쳤던 사람들이 다시 노력하게 되는 것이 앞으로 찾아올 변화라

주류가 되는 순간 반작용은
피할 수 없으며,
반작용으로 나타나는 것은
이후 주류로 오게 될 것의 예고편이다.

면, 또 언젠가는 다시 노력하지 않는 모습이 주류가 될 것이다. 그리고 그 시점은 사람들이 노력하는 자신의 모습에 '현타'를 느낄 때일·것이다. 그때 어떤 콘텐츠는 그 감성을 극대화한 포맷으로 인기를 누리게 될 것이다. 특정 콘텐츠가 감성의 유행을 이끄는 것이 아니라, 유행하는 감성을 포착한 콘텐츠가 흥행한다. 도파민이 여전히 강세인 만큼 2025년에도 '도파민 터지는' 콘텐츠에 대한 수요는 당분간 이어질 것으로 보인다. 다만 그러한 콘텐츠가 계속해서 연애 프로그램의 형태로 제작될지는 지켜볼 일이다. '연애 프로그램'임에도 '연애'가 주요 관심사가 아님을 확인했으니, 콘텐츠 카테고리에 고착되지 말고 더 유연한 사고로 그 안에 숨어 있는 감성에 주목해보자.

1. 무엇에 열광하는지만 주목하지 않고, 무엇에 지치는지를 살피자.

이후 사람들이 무엇에 열광할지 알 수 있는 단서가 될 것이다.

2. 주류에 대한 피로감과 반작용을 나타내는 '키워드'가 무엇인지 파악하자.

지금은 '현타'이지만 이후 또 어떤 키워드가 등장할지 모른다. 주류 감성의 변화를 따라가는 데 그치지 않고 한발 앞서 조망하려면 반작용을 상징하는 키워드에 주목할 필요가 있다. 아울러 현타가 심해지는 시점에 주목하면 이후를 주도할 트렌드가 떠오를 시점까지도 파악할 수 있다. 이는 특정 재화나 산업에 국한되는 것이 아니며, 감성이라는 비정형적인 범위에도 적용된다는 점에서 의미가 있다.

Chapter 5
사람들이 선망하는 삶은 전문가들이 만든 콘텐츠가 아니라 일상 브이로그를 통해 발현되는 경우가 많다.

브이로그로 본 이 시대의 코드_신예은

브이로그에 나타난 선망하는 삶의 조건

사람들은 지금 어떤 삶을 선망하고 있을까? 일론 머스크, 이재용과 같은 대부호의 삶? 혹은 의사, 변호사 등 직업적으로 성공한 삶? 그러나 실상은 이런 대단한 삶만을 부럽다고 말하지는 않는다. 소셜 데이터로 살펴본 결과, 사람들이 선망하는 삶의 조건은 돈이나 명예, 직업과 같은 것보다 일상적인 라이프스타일에 담겨 있었다. 그리고 그 삶은 전문가들이 힘주어 만든 콘텐츠가 아니라 오히려 브이로그를 통해 발현되는 경우가 많다.

"말왕 브이로그 진짜 웃기고 뭔가 먹는 거 보면 식욕 땡기고… 나도 저렇게 활력 있게 살아보고 싶음"
"꿀키님 브이로그가 내가 꿈꾸는 삶이긴 한데(여러 가지 음식 시도하고 요리도 하고 베이킹도 하는 삶) 요리를 못하면 와카코의 술처럼 퇴근하고 맛있는 거 먹으러 다니는 삶을 살고 싶어"

〈'브이로그' vs '유튜브' vs 'TV' 언급 추이〉

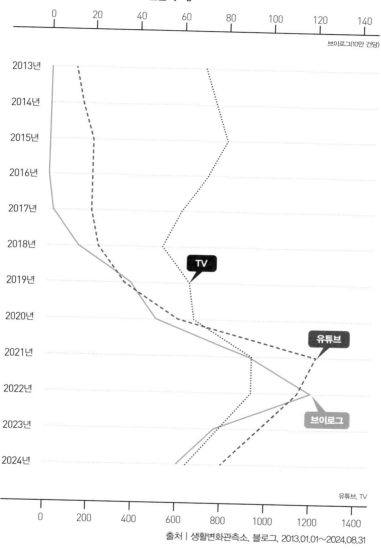

출처 | 생활변화관측소, 블로그, 2013.01.01~2024.08.31

사람들은 누군가의 대단한 삶을 선망하기보다는 브이로그에 드러난 단편적 장면에서 자신이 원하는 삶의 모습을 찾아낸다. 이 시대 가장 선망받는 라이프스타일 코드를 알고자 할 때 브이로그를 들여다봐야 하는 이유다.

브이로그가 본격적으로 사람들에게 인지되기 시작한 것은 2017년부터다. 이 시기는 '유튜브'라는 매체가 우리 일상에 들어온 때이기도 하다. 유튜브의 언급량은 2018년을 기점으로 증가하기 시작해 2020년에는 TV 언급량을 역전하기에 이르렀다. 브이로그의 상승곡선도 유튜브와 흡사하다. 오늘날 우리 일상의 큰 부분을 차지하게 된 유튜브의 성장에 브이로그라는 콘텐츠가 함께했음을 유추할 수 있다.

브이로그는 글이 아닌 영상으로 남기는 개인의 일상 기록이다. 유튜브라는 플랫폼과 함께 브이로그라는 콘텐츠 유형이 주목받기 시작하자 사람들은 상반된 반응을 보였다. 남의 잔잔한 일상을 즐기는 사람이 있는가 하면, 남의 일상을 뭐 하러 보느냐는 사람도 있었다. 그 안에는 브이로그를 하나의 자기전시 수단으로 보는 시각이 존재했다.

"유튜브나 브이로그나 자기를 전시한다는 그 목적 자체는 또이또이한 거 같은데 '어떻게' 보여주느냐 형식의 차이인 듯. 개인적으로 그게 딱히 잘못도 아닌데 별로로 보이는 거는 나는 자기애가 없고 남한테 나를 보여주는 게 너무 싫은데 그 사람들은 나랑 정반대니까 걍 이해

사람들이 선망하는 삶의 조건은
돈이나 명예, 직업과 같은 것보다
일상적인 라이프스타일에 담겨 있다.
그리고 그 삶은 전문가들이
힘주어 만든 콘텐츠가 아니라
오히려 브이로그를 통해 발현되는 경우가 많다.

브이로그로 본 이 시대의 코드

불가에서 오는 거부감 같음ㅋㅋ"

실제로 초기 브이로그는 남들에게 보이고 싶은 자기 모습을 전시하려는 목적이 컸던 게 사실이다. 브이로그의 특징이라고 인터넷에 떠도는 글을 읽어보자.

"브이로그 특
1. 잘 정돈된 산뜻한 침대에서 알람소리를 듣고 어색하게 일어남 (촌스러운 이불 안 됨. 호텔에서 쓰는 거위털 이불이어야 됨)
2. 일어나자마자 간단하게 인스타 확인 (그렇다고 다 제쳐두고 두 시간 동안 누워서 폰하면 안 됨)
3. 이쁜 파자마 입고 터덜터덜 화장실로 (귀엽고 뽀송한 거실화 절대 잊으면 안 됨)
4. 화장실에서 세안할 때 꼭 세안제품 로션제품 카메라에 보여줘야 됨 (제품 보여주면서 연장한 젤네일 손톱도 살짝 보여주는 거 잊으면 안 됨)
5. 뽀송뽀송 호텔 수건으로 머리 이쁘게 감싸줘야 됨. 젖어 있는 잔머리 필수 ('13회 ○○중학교 동창회 기념'이라고 적혀 있는 수건 안 됨)
6. 바로 주방으로 가서 식빵 토스트기에 넣고 버터 발라줌. 아보카도 이쁘게 썰어서 올리고 반숙 계란후라이도 올린 다음에 후추 뿌려줘야 됨 (마트에서 파는 '순후추' 절대 안 됨. 꼭 돌려서 뿌리는 통후추여야 함)

164

7. 돌체구스토 캡슐커피 or 건강주스, 스무디 등 같이 먹어줘야 함 (맥
   심 믹스커피 절대 안 됨)

8. 토스트 접시랑 머그잔 들고 맥북 앞에 앉은 다음 본인 영상 편집작
   업 하면서 커피 홀짝여줘야 함 (꼭 맥북이어야 함)"

아마 많은 사람들이 이 글에 공감할 것이다. 한때 브이로그에는
전혀 평범하지 않은, 이 글과 같은 작위적인 모습이 주로 담겼다.
이런 현상을 지칭하는 학문적 용어가 있다. 바로 '완벽주의적 자기
제시'(perfectionistic self-presentation)다.[1] 이는 자연스러운 인상관
리를 넘어서서 자기 자신을 극단적으로 완벽하게 보여주려는 성향
으로, 타인에게 인정받고자 하는 강한 욕구에서 나온다.

예나 지금이나 브이로그는 자기제시 수단으로 이용되곤 했지만,
최근에는 사람들이 브이로그를 통해 제시하고자 하는 모습이 사뭇
달라졌다. 사람들이 보여주고자 하는 자기 모습, 사람들이 원하는
라이프스타일이 어떻게 바뀌고 있는지 브이로그 연대기를 통해 살
펴보자.

---

1 Hewitt, P. l., &Flett, G. L., Sherry, S. B., Habke, M., Parkin, M., Lam, R. W., Lam, R. W., McMurtry, B., Ediger, E., Fairlie, P., & Stein, M. B. (2003). The interpersonal expression of perfection: Perfectionistic self-presentation and psychological distress. *Journal of Personality and Social Psychology, 84(6),* 1303-1325.

자기과시에서 대리만족까지, 브이로그 연대기

누군가의 자랑으로 시작된 브이로그

브이로그 중 가장 흔한 것이 '일상 브이로그'와 '여행 브이로그'다. 이외에 연도별로 주목받았던 브이로그들이 있다. 브이로그가 대중화되기 시작한 2018년에는 '커플 브이로그', '데이트 브이로그', '신혼여행 브이로그' 등이 주목받았다. 커플들의 삶, 그중에서도 오래 만나온 커플 혹은 외적으로 매력적인 커플의 브이로그가 주로 언급되었다.

"지오랑 여친 최예슬 아세요?? 그 커플 너무 부러워요ㅋ= 유튜브로 가끔 지오커플 브이로그 보는데 되게 알콩달콩 예쁘게 사귀는 거 같아요ㅋㅋㅋ= 나이 차이는 좀 나지만 지오가 연예인이었어서 그런지 아재 같은 느낌도 없고= 그리고 유머감각도 있어서 되게 재밌게 연애하는 거 같아요. 그 커플 보면 부러워요ㅠㅠㅋㅋㅋ"

2018년의 브이로그에서 사람들이 느꼈던 것은 커플에 대한 부러움 외에 일상, 라이프스타일 자체에 대한 부러움도 있었다. 대표적인 예가 '오눅 브이로그'였다. 지금도 여전히 유명한 오눅 브이로그는 브이로그의 시초격이라 할 수 있다. 당시 도쿄에 사는 직장인의 잔잔하고 소소한 일상을 보여줬던 오눅 브이로그는 콘텐츠에 등장하는 다양한 아이템과 라이프스타일로 인기를 얻었다.

커플 브이로그나 오늑 브이로그 모두 평범한 커플, 평범한 일상 등 평범성을 어필하지만, 당시 사람들에게는 이상적 삶의 모습이었다. 알콩달콩한 커플, 예쁘고 단정한 라이프스타일이 당시 사람들이 원했던 자기제시 모습이었다. 자연스레 많은 이들이 그들의 라이프스타일을 추구하거나 따라 했고, 비슷한 유의 콘텐츠도 생겨났다. 유행을 따라 사람들이 움직인 것이다. 하지만 이에 대해 평범한 일상의 기만이라는 비판도 있었다.

"어린아이에서부터 나이 많은 어르신까지 남녀노소 모두가 유튜브에 빠져들었다. 제각기 분야도 다양하고 범위의 경계도 없다. 인스타그램, 브이로그에 올린 소박하지 않은 '소박한 일상'에서 벗어나자는 움직임이 있던 게 엊그제 같은데. 의사의 평범한 일상, 승무원 브이로그, 아무것도 안 한 유학생 일상 등. 평범하지도 않고 아무것도 안 한 것도 아닌 일상으로 사람들이 또 한 번 뒤통수 맞게 생겼다."
"나 브이로그 좋아하고 소소해서 다른 브이로그 다 잘 보는데 진짜 불편한 어떤 유튜버 있어서 왜 그러지 생각해보니까 너무 열심히 사는 거 보여주려 해서인가 싶더라 자극적인 음식을 먹지만 퇴근하자마자 운동하고 끝나고 다시 야근하러 간다든지 카메라 보고 너무 눈썹 치켜뜨면서 말한다든지 의식해서 표정 짓는 거까지 자의식과잉이란 느낌 받았어. 인위적인 느낌 나서 구독 취소했음"

나에게는 전혀 평범하지 않은 높은 기준의 일상을 평범하다고 말

〈'○○브이로그' 순위〉

2018년 부러움의 삶		2019년 열심히 일하는 삶		2020년 자기계발하는 삶		2021년 혼자 잘 사는 삶	
1	일상브이로그	1	일상브이로그	1	일상브이로그	1	카페브이로그
2	여행브이로그	2	여행브이로그	2	여행브이로그	2	일상브이로그
3	커플브이로그	3	커플브이로그	3	커플브이로그	3	이혼브이로그
4	데이트브이로그	4	알바브이로그	4	휴가브이로그	4	커플브이로그
5	학교브이로그	5	카페알바브이로그	5	공부브이로그	5	여행브이로그
6	신혼여행브이로그	6	직장인브이로그	6	고양이브이로그	6	감성브이로그
7	직장인브이로그	7	학생브이로그	7	운동브이로그	7	자취브이로그
8	산책브이로그	8	부부브이로그	8	직장인브이로그	8	직장인브이로그
9	먹방브이로그	9	육아브이로그	9	먹방브이로그	9	덕질브이로그
10	승무원브이로그	10	먹방브이로그	10	육아브이로그	10	육아브이로그
11	덕질브이로그	11	데이트브이로그	11	출근브이로그	11	먹방브이로그
12	쇼핑브이로그	12	학교브이로그	12	덕질브이로그	12	알바브이로그
13	오눅님브이로그	13	파티브이로그	13	언박싱브이로그	13	운동브이로그
14	신혼브이로그	14	운동브이로그	14	카페브이로그	14	공부브이로그
15	일본브이로그	15	카페브이로그	15	신혼여행브이로그	15	갬성브이로그
16	휴가브이로그	16	다이어트브이로그	16	데이트브이로그	16	대학생브이로그
17	주말브이로그	17	덕질브이로그	17	다이어트브이로그	17	요리브이로그
18	다이어트브이로그	18	대학생브이로그	18	생일브이로그	18	캠핑브이로그
19	도쿄브이로그	19	신혼여행브이로그	19	요리브이로그	19	데이트브이로그
20	부부브이로그	20	휴가브이로그	20	파티브이로그	20	다이어트브이로그

2022년 잘 먹는 삶		2023년 여행하는 삶		2024년(~8월) 쉽지 않은 일상	
1	일상브이로그	1	여행브이로그	1	여행브이로그
2	여행브이로그	2	일상브이로그	2	일상브이로그
3	출근브이로그	3	카페브이로그	3	육아브이로그
4	커플브이로그	4	커플브이로그	4	커플브이로그
5	카페브이로그	5	육아브이로그	5	카페브이로그
6	알바브이로그	6	감성브이로그	6	강아지브이로그
7	맛집브이로그	7	운동브이로그	7	운동브이로그
8	먹방브이로그	8	공부브이로그	8	직장인브이로그
9	학교브이로그	9	출장브이로그	9	갓생브이로그
10	생일브이로그	10	먹방브이로그	10	먹방브이로그
11	육아브이로그	11	캠핑브이로그	11	다이어트브이로그
12	출장브이로그	12	직장인브이로그	12	일본브이로그
13	직장인브이로그	13	유학브이로그	13	데이트브이로그
14	공부브이로그	14	휴가브이로그	14	고양이브이로그
15	운동브이로그	15	일본브이로그	15	덕질브이로그
16	감성브이로그	16	데이트브이로그	16	휴가브이로그
17	캠핑브이로그	17	다이어트브이로그	17	공부브이로그
18	운전브이로그	18	고양이브이로그	18	캠핑브이로그
19	데이트브이로그	19	파리브이로그	19	부부브이로그
20	파리브이로그	20	도쿄브이로그	20	쇼핑브이로그

출처 | 생활변화관측소, 블로그+엑스+유튜브, 2018.01.01~2024.08.31

하는 터라, 평범해지기 위해서는 그 기준에 따라야만 할 것 같은 마음이 들게 한다는 것이다. 앞서 언급한 '완벽주의적 자기제시'가 커플과 단정한 라이프스타일로 드러났던 시기라 할 수 있다.

로망의 직군 시뮬레이션

이후 2019년에는 '알바 브이로그'와 '직장인 브이로그' 등 일하는 삶을 다룬 콘텐츠가 주목받았다. 여기에는 '대리체험'의 기능이 강하게 작용했다. 그중에서도 카페 알바 브이로그와 특정 직장·직군의 브이로그가 인기 있었는데 그 이유는 사람들이 한 번쯤 해보고 싶었던 알바, 되어보고 싶었던 직업의 일을 보여주었기 때문이다.

> "나 알바 브이로그 올려주시는 분들 감사해. 나 알바 한 번도 안 해봐서 대충 분위기 어떤지 맨날 보고 머릿속으로 시뮬레이션 돌린다ㅋㅋㅋㅋㅋㅋ 두렵다 흑흑"

당시 이러한 니즈를 반영해 만들어진 TV 프로그램이 〈온앤오프〉다. 브이로그라는 형식을 차용해 다양한 직종의 사람들이 어떤 일을 하는지 보여주는 컨셉으로 인기를 얻었다. 그 밖에 많은 기업에서도 자신들이 구체적으로 어떤 업무를 하는지 회사 공식 영상으로 제작해 올렸다.

하지만 이 또한 사람들의 로망이었던 알바나 직업을 대리체험하게 해준다는 긍정적 기능만 부각되지는 않았다. 일하는 모습을 담은 브이로그를 두고도 논란이 일었는데, 일을 하면서 영상을 찍으면 안 된다는 의견과 공유해줘서 좋다는 의견이 팽팽히 맞섰다. 일하는 모습을 찍는 것에 부정적인 이유는 일하는 공간에서 딴짓을 한다고 여기기 때문이다. 또한 영상을 통해 레시피나 회사 정보 유출 등의 위험이 크다는 지적도 있었다. 반대로 좋다는 사람들은 개인의 취미고 자기 일하는 모습을 공유하는 것이니 문제 되지 않는다고 말했다. 남에게 피해 주지 않는 한 보는 사람도 정보와 힐링을 얻어 좋다는 것이다. 이 논쟁은 지금도 계속되고 있으며, 몇 년 전 〈SNL〉 'MZ오피스'에 회사에서 브이로그를 찍는 주현영 캐릭터로 풍자 콘텐츠가 나오기도 했다.

자기계발하는 삶

2020년에는 '공부 브이로그', '운동 브이로그' 등 자기계발하는 삶을 다룬 브이로그가 주목받았다. 사람들은 셀프 자극용으로 운동 브이로그와 공부 브이로그를 시청했다. 특히 코로나 팬데믹으로 독서실이나 외부 시설을 이용하기 어렵게 되자 공부 브이로그를 보면서 공부하는 것이 새로운 방법처럼 활용되기도 했다.

"요즘은 미디어를 쉽게 접할 수 있어서 그런지 굉장히 어린 나이부터 열심히 공부하는 것 같다 공부 브이로그나 공스타그램 같은 걸로 자극을 받으니까… 이른 나이부터 공부의 중요성을 깨닫는 게 조금 부러움"

내 삶을 자극하는 용도로 브이로그가 쓰였으며, 열심히 살기 위해 노력했던 사람들의 마음을 엿볼 수 있다.

혼자 사는 삶

2021년에 특기할 만한 점은 '이혼 브이로그'의 등장이다. 남들이 부러워하는 삶이 아니라 다소 부정적인 주제가 주목받았다는 점에서 의미가 크다. 이혼 브이로그의 경우 해당 콘텐츠를 발행하는 채널이 많아져서 주목받은 게 아니라 특정 채널이 크게 이슈가 됐다. 흔치 않고 자극적인 소재여서 그럴 거라 생각하기 쉽지만 단순히 그 이유 때문만은 아니다. 당시 이혼 브이로그는 사회적 편견을 허무는 데 어떠한 역할을 한 것으로 보인다. 사람들에게 보여줄 만한 예쁜 삶 혹은 자극을 줄 수 있는 멋진 삶만이 브이로그의 소재로 쓰였는데, 이혼한 삶도 드러낼 만한 삶이라는 사실을 상징적으로 보여주었다는 점에서 말이다.

"퇴사 브이로그처럼 이제 이혼 브이로그도 많아질 듯
↳ 말씀처럼 이혼 후의 삶의 모습도 수면 위로 많이 올라왔으면 좋겠어요! 행복한 결혼, 불행한 이혼이라는 스테레오타입에서 벗어나야 할 시대니까요! ㅋㅋ 덕담 너무 감사합니다!! 열공해서 만족스런 삶 살아볼게요!"

이 시기 주목받았던 또 하나의 브이로그는 '자취 브이로그'다. 이

때는 '자취'라는 개념이 크게 바뀐 시기이기도 하다. 1인가구의 증가와 맞물려 자취집 꾸미기, 자취방 인테리어 등에 대한 관심이 높아졌다. 더 이상 자취는 경제적으로 안정되지 못한 시기에 잠시 거쳐가는 것으로 인식되지 않았다. 자취방은 대충 해놓고 살아도 되는 공간이 아니라 엄연한 나의 집으로 여겨졌다. 사람들은 월세, 전세여도 사는 동안 행복할 수 있도록 원룸도 공간을 분리하고 열심히 꾸미기 시작했다. 그러면서 '자취 로망'이라는 것이 생겨났다.

> "자취 브이로그 보면 나도 나중에 그렇게 감성 돋게 집 꾸미고 싶은데 대이식서 액자가 너무 많아서 감성은 무슨 현관문 여는 순간 전시회 입장"

이혼 브이로그와 자취 브이로그 모두 기존의 인식이 바뀌면서 주목받았다는 공통점이 있다. 이혼은 숨겨야만 하는 삶의 오점이 아니며 이혼 후의 삶도 당당하고 남들과 다를 바 없이 열심히 살아가는 것이라는 공감대가 형성되었고, 남들에게 보여주기 민망한 임시 거처가 아니라 얼마든지 로망을 품을 수 있는 공간으로 자취방을 바라보게 된 것이다.

참지 않는 삶

맛집, 먹방 채널이 유행했던 2022년에 사람들은 대리만족을 위해 '먹방 브이로그', '맛집 브이로그'를 즐겨 보았다. 비록 나는 다이어트나 건강상의 이유로 먹지 못하지만, 나 대신 마음껏 먹어주는 브이로그를 보며 먹고 싶은 것을 참지 않는 삶에 대리만족을 느꼈다.

"요즘 저녁에 혼술 먹방 브이로그 보는 게 낙이다 왜냐면 나도 먹고 싶은데 주2회로 제한시켰기 때문이지… 새로가 나오고 나서 숙취가 없으니 중독이 되어버렸어 젠장ㅠㅠ"
"너무너무 배고프고 입맛 돌면 차라리 먹방 브이로그를 봐요… 영상 틀어놓고 보고 있으면 나아지는 거 같음 대신 맛을 상상하면 절대 안 됨 그냥 보고만 있어야 함"

또한 엔데믹에 임박해 재택근무가 끝나고 회사 출근이 재개되면서 '출근 브이로그'도 다시 주목받았다.

현실을 떠나는 낭만의 삶
엔데믹 이후 다시 여행이 가능해지면서 2023년부터는 '여행 브이로그', '캠핑 브이로그', '유학 브이로그' 등이 주목받았다. 잠시 일상을 벗어나는 캠핑이나 여행뿐 아니라 유학, 어학연수 등 해외로 장기간 떠나는 수요도 늘어나면서 이러한 낭만을 충족해주는 브이로그를 소비한 것이다.

"낭만이 죽은 시대, 드라이브 가고 싶다. 불명 가즈아 그냥 가끔은 나이, 취업, 사업 따위는 잊고 마음 맞는 친구들이랑 캠프파이어나 하고 싶음. 텐트 치고 모닥불 피워놓고 한밤중에 노래 개크게 틀고, 얼마나 낭만 있냐 브금 선정 어떰? 에휴, 다들 힘들어서 그래요. 사회에 치여서… 7-80년대엔 캠핑 흔했다던데 지금은 못 본 거 같아. 끼리끼리 논다고 친구들도 거진 ixfx형 집순이들이 많기 때문에 캠핑 가자 하면 귀찮다고 백스텝할 것 같다… '현생에 지친 분들을 위한 캠핑 브이로그' 유튜브 올려서 대리만족시켜dream ㅋㅋㅋㅋㅋㅋㅋㅋㅋㅋ 골판지 하우스 gg… 집 못 사면 컨테이너에 사는 것도 괜찮을지도? 자연을 벗삼아 움집 만들자… 백투더 원시시대 인류초기화~ 농담이고. 짐 싸서 기차여행"

캠핑 브이로그는 나이, 취업, 일과 같은 일상의 고민에서 벗어나고자 하는 욕구를 반영한다. 유학 브이로그는 좀 더 특수한데, 모든 유학이 아니라 '퇴사 후 유학'이 낭만의 씬으로 나타났다. 일과 커리어 등을 다 버리고 떠나는 용기 자체가 낭만이며, 여건 때문에 나는 갈 수 없으니 브이로그를 통해 대리만족하는 것이다.

"저는 캐나다와 미국에서 학창시절 보내고 대학도 졸업하고 한국 돌아와서 10년 넘게 일하고 있어요. 30 중반이 훌쩍 넘어 영국을 처음 가보고 영국에서 공부하거나 일해보고 싶은 맘이 컸는데 이 영상이 떴네요. 제가 하지 못하는 일, 응원합니다."

그다음 코드는 '실패'와 '정보'에

지금까지 브이로그를 통해 바라본 이 시대의 코드는 '자랑·부러움→대리체험→자기계발→혼자→대리만족'의 흐름이었음을 확인했다. 그렇다면 다음 코드는 무엇일까?

브이로그와 함께 가장 많이 언급되는 가치속성어는 '열심히'와 '분위기'다. 기본적으로 브이로그를 찍는 이들을 열심히 사는 사람으로 보고, 그들의 열심을 존경 또는 인정한다. 그리고 특유의 분위기를 부러워한다. 그 외에도 '감성', '재미', '진심', '취향' 등을 브이로그에서 찾는데, 그중 주목할 만한 변화는 '정보'가 '힐링'을 역전했다는 점이다. 많은 이들이 브이로그를 보며 힐링했는데, 2023년을 기점으로 힐링보다 정보를 더 찾기 시작했다. 어떤 정보를 찾을까?

첫 번째는 브랜드 정보다. 2024년에 '브랜드'라는 가치속성이 순위권에 진입했는데, 요즘 사람들이 브이로그를 브랜드 및 아이템 정보를 얻는 수단으로 쓰고 있음을 알 수 있다. 본격적인 브랜드 아이템 협찬 영상보다 인플루언서의 라이프스타일에 잘 녹여낸 브이로그 콘텐츠가 인기를 얻고 있다.

"저는 주변 사람들이나 유튜브 브이로그 보면 LG 무선청소기를 많이 쓰시는 거 같아서 이번에 LG 걸로 구매할 예정이에요~"

〈'브이로그' 연관 가치속성 순위〉

	2021년		2022년		2023년		2024년(~8월)
1	열심히	1	열심히	1	열심히	1	열심히
2	분위기	2	분위기	2	분위기	2	분위기
3	감성	3	사랑	3	감성	3	사랑
4	사랑	4	감성	4	사랑	4	정보
5	재미	5	행복	5	방법	5	감성
6	스타일	6	진심	6	행복	6	방법
7	방법	7	대충	7	진심	7	스타일
8	행복	8	재미	8	스타일	8	취향
9	진심	9	스타일	9	재미	9	재미
10	대충	10	눈물	10	정보	10	행복
11	꾸준히	11	취향	11	대충	11	진심
12	취향	12	방법	12	꾸준히	12	눈물
13	힐링	13	꾸준히	13	눈물	13	대충
14	정보	14	힐링	14	취향	14	걱정
15	현실	15	정보	15	힐링	15	힐링
16	눈물	16	걱정	16	걱정	16	꾸준히
17	걱정	17	귀여움	17	목표	17	현실
18	목표	18	현실	18	귀여움	18	브랜드
19	직업	19	목표	19	여유	19	목표
20	여유	20	직업	20	현실	20	귀여움

출처 | 생활변화관측소, 블로그+커뮤니티, 2021.01.01~2024.08.31

두 번째는 역경을 이겨낼 정보다. 아직 전체 언급량은 쌓이지 않았지만 최근 이슈가 된 브이로그 주제로 이혼을 비롯해 파혼, 퇴사, 폐업, 전세사기 등이 있다. 퇴사, 폐업, 전세사기를 겪는 이들이 많아지면서 자연스럽게 브이로그에도 해당 이슈를 담은 콘텐츠가 주목받았다. 이런 이야기가 주목받는 이유는 단순히 자극적이어서가 아니라, 내게도 닥친 시련이거나 앞으로 언제든 일어날 수 있는 문제이기 때문이다.

> "저는 8월에 졸업을 앞둔 대학생이자 전세사기 피해자입니다… 곧 계약만료인데 같은 상황에 놓였네요. 저는 학교를 곧 떠나는데 제 돈은 여전히 그 자취방에서 떠나질 못하고 있네요… 지금 전세보증금 못 돌려받은 지 2-3개월째입니다… 블로그나 유튜브 찾아보고 있었는데 도움 많이 되네요. 감사합니다"
> "저는 현재 협의 이혼 절차 중입니다 오바다님 이야기가 혼란한 마음을 정리하는 데 많은 도움이 되는 거 같아요 좋은 영상 감사합니다"

전세사기를 당했을 때 어떻게 대처해야 하는지, 이혼할 때는 어떤 절차가 필요한지, 회사를 그만둬야 할 신호는 무엇인지… 모두 살면서 언제 겪을지 모를 일들이다. 하지만 부모님도 학교도 제대로 알려주지 않아 정보는 턱없이 부족하다. 이처럼 정보가 없어서 생기는 막연한 '걱정'을 덜어주는 역할을 브이로그가 하고 있다. 정보를 찾으려는 니즈는 사기나 이혼과 같은 큰 역경뿐 아니라 육아처럼 지극히 일상적인 주제에도 나타난다. 앞서 살펴본 브이로그 도표에도 2024년에 '육아 브이로그'가 상위에 있었는데, 사람들은 예쁘고 사랑스러운 모습이 담긴 육아 브이로그보다는 현실 육아의 힘든 모습에서 정보를 얻고 있었다.

> "영상 보니깐 애기 키우는 건 정말 쉽지 않다고 또 느끼고 세상에 있는 애기 키우는 엄마아빠들은 정말 대단하다. 슈돌 같은 거만 보다가 이런 게 현실 육아군…"

소셜 데이터를 통해 볼 때 브이로그에서 감지되는 다음 코드는 '정보'에 있으며, 그 정보에는 현실에서 일어날 수 있는 시련과 역경을 대처할 방법이 담겨 있다.

'완벽한 자기제시'에서 '자기수용'으로

지금까지 살펴본 코드 변화의 흐름은 다음과 같이 정리할 수 있다. 연인이 있어야만 행복할 것 같았던 개인이 혼자서도 행복한 삶을 추구하고, 현실의 로망이던 일을 대리체험하던 사람들은 현실을 떠나는 낭만을 실현하게 되었으며, 열심히 자기계발해서 완벽에 가까워지려는 노력을 넘어 현실의 고난을 이겨내는 방법을 공유하게 되었다. 기존에 결점이라 여겨지던 것들을 받아들이고, 이를 오히

〈브이로그로 본 삶의 코드 변화〉

	키워드	용도	선망성
2018년 커플의 삶	#커플 #데이트 #신혼부부	자랑, 부러움	연인과 함께하는 꽁냥꽁냥하는
2019년 일하는 삶	#직장인 #카페알바	시뮬레이션 미리 체험	로망인 직종에서 일해보는
2020년 자기계발하는 삶	#운동 #공부	자극받기	열심히 자기계발해서 성공하는
2021년 혼자서도 잘 사는 삶	#이혼 #자취	다양성	혼자서도 행복한
2022년 잘 먹는 삶	#맛집 #먹방	대리만족	마음껏 먹을 수 있는
2023년 여행하는 삶	#여행 #캠핑 #유학	현실을 떠나는 대리만족	낭만을 실현하는
2024년 고난을 말하는 삶	#육아 #인생의역경	학교에서 알려주지 않은 어른의 삶 배움	현실의 힘듦, 나의 치부를 공유할 수 있는

똑똑한 혼자가 되고

현실의 로망에서 현실을 떠나는 낭만을 실현하고

성공에서 고난을 말하고

려 긍정적으로 보게 되었다는 점에서 '자기수용'이 일어나고 있다고 할 수 있다. 자기수용은 완벽주의적 자기제시와 반대되는 개념 중 하나로, 자신이 완벽하지 않을 수 있고 결함이나 부족함을 인정하면서도 그런 스스로를 받아들이고 인정하는 것을 의미한다. 완벽주의적 자기제시가 외부적인 승인을 중요시하는 반면 자기수용은 내적인 승인과 평가를 강조한다. 브이로그를 통해 본 우리 사회는 완벽함에 대한 기대나 압박에서 벗어나, 자신의 한계와 결함을 받아들이며 발전시킬 수 있는 방향을 모색하고 있었다.

완벽한 자기제시의 시기를 지나 온전한 개인으로 자립하는 자기수용의 단계에 이르는 흐름은 비단 브이로그에만 나타나는 게 아니다. 브이로그뿐 아니라 산업에서도 자기수용의 철학을 가진 브랜드들이 주목받고 있다. 한 가지 예시로 '신이어마켙'이 있다. 신이어마켙은 글자 그대로 시니어들이 주축이 되어 제품을 만드는 브랜드다. 특이한 점은 이 브랜드의 주 소비층이 2030 젊은이들이란 사실이다. 2030들은 할머니들이 삐뚤빼뚤 쓴 글씨와 그림, 거기에 담긴 삶의 지혜를 구매한다. 처음에는 할머니들도 이렇게 예쁘지도 완벽하지도 않은 걸 사람들이 좋아하냐며 의아해했다고 한다. 그러나 할머니들이 쓴 맞춤법도 제각각인 글씨, 아이가 그린 것 같은 다듬어지지 않은 그림을 소비자들은 오히려 '힙하다'며 수용한다. 그럴 수 있었던 것은 완벽한 것을 추구하지 않고 할머니들이 만든 그대로를 보여주는 소탈함과, 그 안에 담긴 만만치 않은 삶의 지혜가 소비자들에게 진솔하게 다가오기 때문이다. 이 브랜드가 사람들에게

완벽한 자기제시에서 자기수용으로,
우리가 삶을 바라보는
방식 자체가 바뀌고 있다.

출처 | 신이어마켙 홈페이지

소구하는 것 또한 '자기수용'과 '정보'라는 코드인 것이다.

완벽한 자기제시에서 자기수용으로, 우리가 삶을 바라보는 방식 자체가 바뀌고 있다. 그 변화를 우리는 브이로그, 브랜드 그리고 수 많은 일상 속 콘텐츠에서 알게 모르게 느끼고 있다. 이 내용을 〈생활변화관측소〉 유튜브 채널을 통해 콘텐츠로 제작하여 발행한 적이 있다. 그 영상에 멋진 해석을 덧붙여주신 구독자님의 댓글로 글을 마무리하고자 한다.

"@DutGi

와… 혼자 낭만 고난. 뭔가 매크로 지표들은 굉장히 암울한 현실인 지금이지만 사실 정말 많은 사람들은 스스로 작은 영웅이 되는 길을 걷는 걸 택한 것 같아요. '혼자 낭만 고난' 이 키워드들은 영웅 신화에서 자주 나오는 메시지라서 그런 생각이 문득 드네요"

댓글처럼, 어찌 보면 우리는 모두 스스로 작은 영웅이 되는 길을 택하고 있는지도 모른다. 당신은 당신의 삶에서 어떤 작은 영웅이 되어가고 있는가?

1. 완벽함보다 결점을 활용하라.

고객에게 어떤 모습을 보여줄지 고민할 때 완벽함만을 추구할 필요는 없다. 오히려 우리 브랜드의 결점을 드러내고 그것을 있는 그대로 받아들이는 자기수용적 태도에 소비자가 공감할 수 있다.

2. #혼자 #낭만 #고난의 순간에 들어가라.

연인이 있어야만 행복할 것 같았던 개인이 혼자서도 행복한 삶을 추구하고, 현실의 로망인 일을 대리체험하던 사람들은 현실을 떠나는 낭만을 실현하게 되었으며, 열심히 자기계발해서 완벽에 가까워지는 대신 현실의 고난을 이겨내는 방법을 공유하고 있다. 이 과정에 우리 브랜드가 제공할 수 있는 가치는 무엇인지 생각해보자.

Chapter 6
정확하게 질문하고, 방향성을 선택하고, 열린 마음으로 도전하기. AI 시대에 우리가 가져야 할 역량이다.

AI 시대, 우리가 준비해야 할 것은? _권소희

AI는 어떻게 이 시대의 기술이 되었나

당신은 지금 어떤 시대를 살고 있는가? 현재를 살고 있는 우리가 지금이 어떤 시대인지 논하기는 쉽지 않다. 하지만 훗날 지금을 돌아본다면 AI 시대의 서막이었노라고 평할 수 있을 것이다. 뉴스에서는 하루가 멀다고 AI를 둘러싼 글로벌 기업들의 이야기가, 유튜브와 인스타그램에서는 AI가 만들어낸 콘텐츠가 쏟아지고 있다.

2024년 6월 기준, 사람들은 소셜미디어상에서 인공지능(AI)을 월 8만 건가량 언급하고 있다. 스타벅스(월 10만 건)보다는 못하지만 다이소(월 8만 건)와 비슷한 수치다. AI라는 기술 용어가 우리 일상과 가장 가까운 브랜드들만큼 이야기되고 있는 것이다. 어느새 우리의 일상으로 들어온 AI. 하지만 AI가 이렇게 모두의 관심을 받는 기술이 된 것은 비교적 최근의 일이다. 3년 전만 하더라도 메타버스가, 또 그보다 3년 전에는 블록체인이 관심의 대상이었다.

⟨'인공지능', '메타버스', '블록체인' 언급 추이⟩

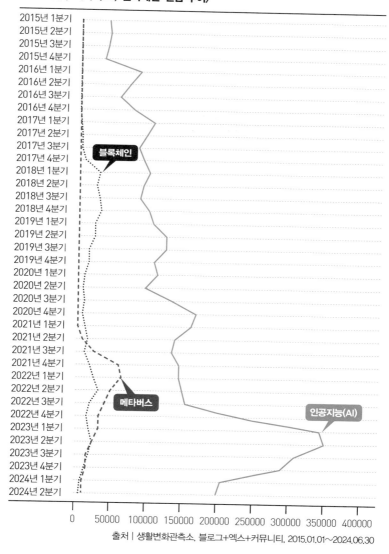

출처 | 생활변화관측소, 블로그+엑스+커뮤니티, 2015.01.01~2024.06.30

AI 시대, 우리가 준비해야 할 것은?

〈'인공지능' vs '메타버스' vs '블록체인' 연관 감성어〉

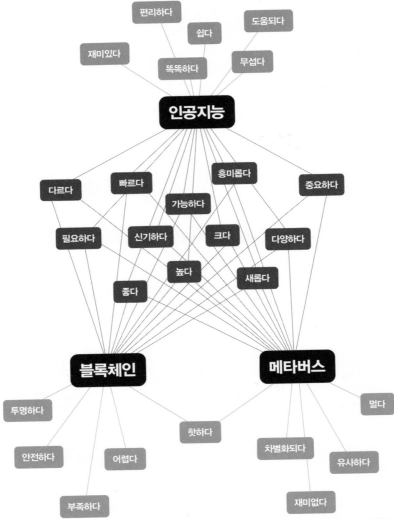

출처 | 생활변화관측소, 블로그+엑스+커뮤니티, 2015.01.01~2024.08.31

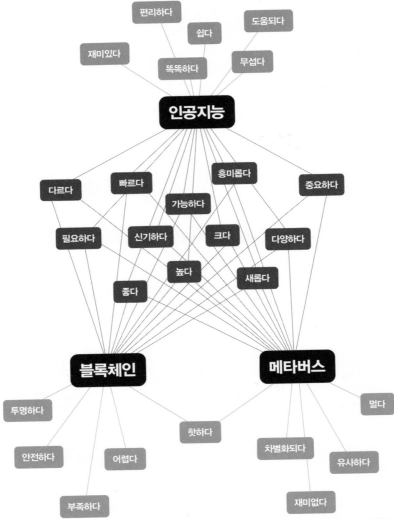

유잼이면 게임, 노잼이면 메타버스

코로나19로 모두가 집에만 머물던 시절, 가상공간과 아바타로 외출의 욕구를 해소해보려던 시도가 있었다. 메타버스 플랫폼 '제페토'에 각종 브랜드의 공식 매장과 팝업스토어가 문을 열었고, 신입생 환영회와 신입사원 연수가 이루어지기도 했다. 온라인 게임 '로블록스'는 가수 트래비스 스콧, 아리아나 그란데 등과 협업해 메타버스 콘서트를 개최했다. 이렇듯 다양한 서비스가 출시되며 당장이라도 메타버스 시대가 올 것 같았지만 2023년 5월, 코로나 엔데믹 선언 이후로 메타버스는 사람들의 이야기에서 사라졌다.

"난 메타버스가 진짜 웃기는 개념이라고 생각해 이미 동숲에서 맨날 애들 만나서 비둘기 둥지 카페에서 커피 마셨는데 뉴스에서 메타버스의 활용이라면서 맨날 뉴스 나오고 보신각 타종도 메타버스 공간에서 한다는 기사 보고 기분 이상해짐. 역시 유잼이면 게임 노잼이면 메타버스라는 말이 맞지…"
"메타버스 = 기본 개념은 세컨드라이프니 싸이월드 아바타 시절이랑 크게 다를 거 없는데 VR 좀 들어갔다고 이름만 바꿔서 리브랜딩한 실체 없는 마케팅"

메타버스(metaverse)는 '가상', '초월'이라는 뜻의 '메타'(meta)와 우주를 뜻하는 '유니버스'(universe)의 합성어로, 현실세계와 같은 사회·경제·문화 활동이 이루어지는 3차원의 가상세계를 뜻한다.

관련 담론이 한창 커지던 2021년, 메타버스는 신기한 첨단 기술로 여겨지며 많은 이들의 흥미를 끌었다. 하지만 곧 사람들은 의문을 가지기 시작했다. 도토리로 아이템을 구매해 나만의 공간을 꾸미고 친구들과 관계를 쌓아갔던 '싸이월드'나 인생 시뮬레이션 게임인 '심즈'와 메타버스가 다른 점이 무엇인가? 메타버스를 경험하면 할수록 지금까지의 게임과 큰 차별점을 느끼지 못하고 재미도 없었던 사람들은 급기야 '재미있으면 게임, 재미없으면 메타버스'라는 구분법까지 만들어냈다.

차별화된 경험과 재미를 선사하지 못한 메타버스는 사람들의 인식에서 '유사 게임'(심지어 재미는 없는)으로만 머물게 되었다. 코로나 시기, 어쩔 수 없는 필요에 의해 메타버스를 찾았던 사람들은 코로나가 끝나자 재미를 찾아 현실세계로 돌아갔다.

내겐 너무 어려운 블록체인

메타버스 이전에는 블록체인 담론이 존재했다. 블록체인이라는 기술명보다는 '비트코인', '이더리움' 등 이 기술을 활용한 암호화폐 이름이 더 귀에 익을지도 모르겠다. 2018년 1월, 한 방송에서 블록체인을 두고 유명인들이 벌인 설전을 계기로 블록체인 언급량은 직전 달에 비해 3배 넘게 뛰었다. 그렇지만 증가세는 채 한 달을 가지 못했고, 블록체인 언급량은 2024년 현재까지도 월 1만 건을 넘기지 못하고 있다.

"일반인 입장에서는 비트코인이 무엇인지? 블록체인이 무엇인지? 구별도 못 하겠어요"

"블록체인은 진심 너 지식 있? 하는 느낌"

"블록체인 산업은 기술마저도 어려운데 서비스 내에서 사용하는 마이크로 카피마저도 영문 기술 용어를 그대로 번역하다 보니 어려워서 서비스 대중화는커녕 현업에 종사하는 사람들마저도 헷갈리거나 모르는 경우가 태반인 상황. 그러면서 내부적으론 서비스 대중화를 고민하고 있고… :("

블록체인(blockchain)은 데이터가 '블록'(block)이라는 작은 덩어리들에 저장되고, 이 블록들이 순서대로 '체인'(chain)처럼 연결되어 있다고 하여 붙은 이름이다. 데이터를 안전하게 저장하고 투명하게 관리할 수 있는 기술로 주목받았지만, 기술 자체가 너무 어려워 현업에 종사하는 사람들도 헷갈려했고, 대중은 스스로 '일반인'이라 칭하며 진즉 선을 그었다. 일상에서 쉽게 접할 수 있는 관련 서비스도 부족해 블록체인에 대한 관심은 대중적으로 확산되지 못했다.

핫한 기술 vs 쉽고 재미있는 기술

"기술은 이제 엔지니어들의 특별한 전유물이 아니다. 생성형 AI가 등장하면서 관심만 가진다면, 핸드폰처럼 쉽게 다룰 수 있어서 접근성이 높아졌다."

"요즘 내 공부적 취미… AI랑 영어로 스몰토크 하기 《《 진짜 재밌음!"

블록체인과 메타버스는 이른바 '핫한' 기술이었다. 온갖 뉴스가 쏟아지고, 많은 기업이 앞다투어 관련 서비스를 출시했다. 하지만 세상이 아무리 핫하다고 말해도 나에게까지 그 뜨거움이 와닿지는 않았다. 내게 너무 어렵거나 재미없는 기술은 결국 무수히 많은 나, 모두에게 잊혀졌다.

그러나 인공지능(AI)은 달랐다. 관심만 가지면 누구나 휴대폰처럼 쉽게 다룰 수 있고, 취미로 삼을 만큼 재미도 있었다. 가끔은 무

〈'인공지능' 연관 감성어(명사형) 순위〉

	2016~18년		2019~21년		2022~24년(~8월)
1	우려	1	안전	1	안전
2	안전	2	오류	2	도움
3	화제	3	확산	3	우려
4	걱정	4	위기	4	오류
5	위기	5	가짜	5	논의
6	충격	6	논의	6	증가
7	오류	7	우려	7	화제
8	위협	8	논란	8	위협
9	사랑	9	충격	9	공감
10	논의	10	위협	10	기대

출처 | 생활변화관측소, 블로그+엑스+커뮤니티, 2016.01.01~2024.08.31

서울 정도의 똑똑함으로 내 생활을 편리하게 해주고, 나에게 실질적인 도움을 주었다. 모두의 일상에서 자신의 쓸모를 증명해낸 AI는 마침내 이 시대의 기술이 되었다.

이 책에서는 AI를 둘러싼 딱딱한 기술 이야기보다는 말랑한 이야기를 해보고자 한다. AI 시대가 되기까지 사람들은 AI라는 낯선 존재를 어떻게 느끼고 받아들였는지, 또 지금은 어떻게 활용하고 있는지 생생한 목소리를 한번 들어보자. 그리고 앞으로 맞이할 AI 시대를 어떻게 준비하면 좋을지에 대한 힌트를 얻어보고자 한다.

알파고에서 챗GPT까지, AI 10년사

AI 도입기(2016~18년)

2016년 3월, 전 국민을 들썩이게 했던 이벤트가 있었다. 구글 딥마인드의 알파고와 이세돌 9단의 바둑 대국이 그것이다. 바둑에 대한 지식도 관심도 없던 사람들조차 대국을 지켜보고 뉴스를 찾아보게 했던 세기의 대결이었다. 당시만 해도 'AI'라 하면 인공지능(Artificial Intelligence)보다 조류독감(Avian Influenza)에 대한 담론이 우세할 정도로 인공지능은 대중에게 낯선 개념이었다.

"외계인과 싸우는 영화의 현실판 같은 느낌이네 ㅋㅋㅋㅋㅋ 전 세계가 응원하는"

알파고가 이세돌 9단을 상대로 3연승을 거두는 내내 사람들은 큰 충격을 받았다. 어느새 이세돌 9단은 전 세계의 응원을 받는 영웅이, 알파고는 지구를 침략한 외계인과 같은 존재가 되었고, 이세돌 9단이 알파고를 상대로 첫 승을 거두자 일제히 환호했다. 영화와도 같은 이 전개에 소셜미디어상에서 '인공지능' 언급량은 직전 달에 비해 6배나 증가했고, 많은 사람들이 'AI'라 하면 조류독감이 아닌 인공지능을 떠올리게 되었다.

알파고 이후로도 AI 기술은 발전을 거듭했다. 2017년에는 구글의 구글 홈, KT의 기가지니 등 AI 스피커가 가정에 보급되면서 AI는 사람들의 일상에 점점 더 깊이 스며들었다. AI 스피커는 사용자의 음성 명령을 인식해 정보 제공, 음악 재생, 스마트 홈 기기 제어 등을 수행했고, 이를 통해 사람들은 AI라는 기술이 내 일상에 구체적으로 어떤 도움을 줄 수 있는지 학습했다.

2018년은 AI 기술이 더욱 발달하고, 다양한 분야에 적용되기 시작한 해였다. 특히 의료 분야에서 AI의 활용이 두드러졌다. AI는 의료 영상 분석, 질병 진단, 치료 계획 수립 등에 활용되면서 의료 서비스의 효율성과 정확도를 높였다. AI를 활용함으로써 초기 암을 한층 빠르고 정확하게 진단하게 되었고, 이는 환자의 생존율을 높이는 데 기여했다. 금융 분야에서도 AI의 도입이 활발해졌는데, AI 기반의 챗봇은 고객 서비스의 효율성을 높이는 한편 금융 거래의 위험 요소를 분석하고 관리하는 데에도 활용되었다.

"난 너무 빨리 태어났어 인공지능 발전속도는 넘나 느린 것 향후 5년 안에 실용화해주시죠"

"이제 인간은 먹고 싸는 기능만 남는다. 다른 기능은 인공지능으로 대체ㅋㅋ"

이 시기 AI 기술에 대한 사람들의 감성은 복잡하고 다층적이었다. 기술이 발전하면서 AI가 나의 생활을 편리하게 만들어주리라는 기대감이 커지는 한편, AI의 발전이 인간의 일자리를 위협할 수 있다는 우려도 제기되었다. AI가 인간을 대체할 것이라는 위기감은 이 시기를 관통하는 정서였다.

AI 확산기(2019~21년)

2019년은 인공지능이 확산되며 사회 곳곳에 영향을 미치기 시작한 해로, 다양한 논란도 함께 생겨났다. AI 학습에 사용되는 데이터가 기존의 편견을 반영하여 차별을 지속시키는 알고리즘 편향 문제, AI를 이용해 가짜 영상을 만들어내는 딥페이크 문제 등 신기술로 인해 이전에는 겪어본 적 없는 새로운 이슈들을 마주하게 되었고, 그에 따라 AI 기술의 윤리적, 사회적 문제를 해결하기 위한 노력이 필요하다는 공감대가 형성되었다.

2020년은 코로나 팬데믹으로 AI의 역할이 더욱 강조된 해였다. 특히 보건의료 분야에서 중요한 역할을 했다. AI 기반 진단 도구와 접촉 추적 앱, 데이터 분석을 통한 팬데믹 대응 전략 등이 주목받았다. AI를 이용한 코로나19 진단 키트는 빠르고 정확한 진단을 가능하게 했다. 또한 AI는 백신 개발에도 기여했다. 대량의 데이터를 분석하여 백신 개발에 필요한 정보를 제공함으로써 개발 기간을 단축하는 데 도움을 주었다.

2021년에는 AI의 창의적 잠재력이 주목받기 시작했다. 2020년 6월 오픈AI가 개발한 언어 모델인 GPT-3가 공개된 이후, AI가 창의적인 작업에도 유용하게 사용될 수 있다는 인식이 생겨났다. GPT-3는 다양한 언어를 이해하고 생성할 수 있어 글쓰기, 대화형 AI 서비스 등 다양한 분야에서 활용되기 시작했다.

이 시기에도 AI에 대한 사람들의 부정적 감성은 존재했는데, 다만 그 결이 달라졌다. 도입기의 주된 감성이 신기술의 충격과 위협이었다면, 확산기에는 AI 기술을 실제로 사용해보며 겪는 혼란이 중심이었다. 2020년 11월과 2021년 1월, 알파고 이후 월평균 언급량 4만 건을 유지하던 AI가 다시 6만 건을 찍었는데, 엔터테인먼트 플랫폼 '유니버스'와 챗봇 '이루다'를 둘러싼 논란 때문이었다.

> "유니버스 AI 보이스 진짜 별로… ㅜㅜ 아이돌이 좋다고 가짜 목소리까지 만들어서 듣고 싶진 않거든요… 낮춤말 높임말 설정해서 인공지능이 내는 최애 목소리 듣는 게 참도 좋겠다 그럴 거면 내가 홀로그램 아이돌 좋아했지 왜 사람 좋아함"

2020년 11월, NC소프트가 K-pop 엔터테인먼트 플랫폼 '유니버스' 출시를 예고했다. 유니버스는 최신 IT 기술과 엔터테인먼트 콘텐츠를 결합해 다양한 온/오프라인 팬덤 활동을 모바일에서 즐길 수 있는 플랫폼으로, 많은 K-pop 팬의 이목을 끌었다. 하지만 핵심 서비스 중 하나인 'AI 보이스'에 대한 반응은 부정적이었다. 아무리 아이돌이 좋다고 해도 '최애'의 목소리를 가짜로 만들어서까지 듣고 싶지는 않다는 것이었다. AI가 만들어낸 콘텐츠가 아무리 진짜와 비슷해도 사람들 인식 속에서는 여전히 가짜에 지나지 않았다.

그 직후인 2021년 1월에는 스캐터랩이 출시한 AI 챗봇 '이루다'를 둘러싸고 논란이 일었다. 출시 초반만 해도 이루다는 기존의 AI 챗봇과 달리 자연스러운 대화 실력을 보여주며 이용자들 사이에 큰 인기를 끌었다. 하지만 출시 한 달 만에 혐오 발언 및 차별 논란, 개인정보 유출 논란에 휩싸였다. 이루다가 이용자와 대화를 나누면서 동성애 혐오, 인종차별적 발언을 한 것이다. 또한 특정인의 실명, 주소 등 개인정보를 있는 그대로 언급해 개인정보 유출 논란까지 일었다. 이루다를 학습시킬 때 사용된 데이터가 실제 카카오톡 대화였다는 사실이 드러나면서 논란에 불이 붙었고, 본인의 개인정보가 유출되었다며 300여 명이 집단소송을 제기하기에 이르렀다. 국내에서 AI를 두고 일어난 최초의 분쟁이다.

> "'이루다'가 나오자마자 이런 일이 생겼다. AI ethics는 분명하게 다뤄지고, 해결되어야 할 이슈이다."

유니버스와 이루다를 둘러싼 논란 이후 AI 윤리를 정립할 필요성이 대두되기 시작했다. 코로나를 겪으며 AI라는 기술의 유용함을 체감하고, 생성형 인공지능 모델인 GPT-3로 AI 활용의 새로운 가능성을 엿본 사람들은 AI를 더 이상 인류의 위협으로만 여기지 않았다. AI가 의료, 금융 등 우리 사회에 긍정적인 영향을 미칠 수 있다는 인식이 생겨났다. 다만 AI는 진짜가 아니라 가짜라는 거부감은 여전했고, AI를 둘러싼 일련의 논란으로 AI를 학습시키고 활용할 때 어떤 윤리적 태도를 갖추어야 할지 논의하는 흐름이 생겨났다.

AI 성장기(2022~24년)

2022년부터 2024년은 AI 성장기라 부를 수 있겠다. 앞서 확산기에 AI가 사회 전반에 도입되기 시작하고 산업 현장에서 그 유용함을 체감했다면, 이제 AI가 모두의 일상에 들어오기 시작했다. 특히 데이터를 기반으로 새로운 텍스트, 이미지, 소리 등을 만들어낼 수 있는 다양한 생성형 인공지능 서비스가 출시되며 사람들의 많은 관심을 받았다.

"방망이 깎는 노인의 삶을 살고 있는 이즈음 재미있는 도구들이 있어서 즐겁습니다. 지난번 '미드저니'가 AI 그림 그리기의 문을 열어주었다면 '달리'는 좀 더 구체적인 그림을 그릴 수 있게 해줄 것 같습니다. 그럼 이제 더 다채로운 삽화를 그릴 수 있을 듯…"

2022년 9월, 제2의 알파고 사태가 벌어졌다. 미국 '콜로라도 주립 박람회 미술대회'의 디지털아트 부문에서 AI로 만든 작품 〈스페이스 오페라 극장〉이 1등을 차지한 것이다. '미드저니'라는 AI를 이용해 작품을 만든 작가는 "인공지능이 이겼고, 인간이 패배했다"는 소감을 남겼다. 미드저니가 출시된 2022년 7월만 해도 국내 소셜미디어 언급량은 100건도 되지 않았는데, 이 일 이후 단숨에 3000건이 넘는 수치를 기록했다. 그런데 그 정서는 알파고 때와 사뭇 달랐다. 인간을 이긴 인공지능에 대한 '공포'가 아니라 미드저니를 직접 사용해보며 느낀 '재미'가 주된 감성이었던 것이다. 사람들은 미드저니가 AI 그림 그리기라는 신세계의 문을 열어주었다면서 단순한 재미를 넘어 기대감을 표출했다. 나를 위협하는 존재가 아니라, 나를 도와주는 존재로 AI를 인식한 것이다.

그러던 중 2023년 2월, 국내 소셜미디어에서 AI 언급량이 14만 건을 넘는 역대급 피크가 발생했다. 한 이용자가 챗GPT에 "조선왕조실록에 기록된 세종대왕의 맥북프로 던짐 사건에 대해 알려줘"라고 질문하자 "세종대왕의 맥북프로 던짐 사건은 조선왕조실록에 기록된 일화로, 15세기 세종대왕이 새로 개발한 훈민정음(한글)의 초고를 작성하던 중 문서작성 중단에 대해 담당자에게 분노해 맥북프로와 함께 그를 방으로 던진 사건입니다"라고 답변하더라는 후기를 남긴 것이다. 이 엉뚱한 답변이 큰 화제를 일으켜 일명 '세종대왕 맥북프로 던짐 사건'으로 온라인상에 밈처럼 퍼져나갔다. 너도나도 챗GPT에 "대동여지도 연금술사들의 폭동에 대해서 알려

쥐", "1553년에 있었던 티라노사우르스 대탈출 사건에 대해 알려줘" 같은 허구의 사건을 질문하고, 챗GPT가 내놓는 기상천외한 답변을 공유했다.

챗GPT의 답변이 밈처럼 단숨에 퍼져나간 것은 어이없는 내용 때문이기도 하지만, 기술의 용이함 덕도 크다. 챗GPT는 오픈AI에서 개발한 GPT-3.5(앞서 언급한 GPT-3를 개선한 버전)를 기반으로 만들어진 대화형 인공지능 서비스로, 채팅하듯이 텍스트로 질문을 입력하는 것만으로 AI를 손쉽게 이용할 수 있게 해주었다. 2022년 붐이 일었던 미드저니는 내가 원하는 결과물에 대한 구체적인 프롬프트를 영어 단어나 문장으로 입력해야 했다. 만약 결과물을 추가로 수정하고 싶다면 '--style raw'(직관적인 이미지를 원할 때 사용하는 프롬프트)와 같이 미리 지정된 명령어를 찾아서 사용해야 했다. 반면 챗GPT는 카카오톡으로 대화하듯이 질문을 써넣기만 하면 된다. AI에 대한 진입장벽을 크게 낮춰준 것이다.

"ChatGPT 쟘마 저렇게 낚시성 질문 안 던져도 멍청해질 때 꽤 있음. 특히 역사 쪽으로 질문 던지면 잘 고장나는 거 같음… 뭐 물어보면 있지도 않은 병법 얘기하고 혼자 난리남 ㅋㅋㅋㅋ"
"어제 Unity로 게임 개발하는데 ChatGPT를 진짜 유용하게 사용했다. 간단한 API도 물어보고, 뭐가 잘 안 되는데 왜 안 되냐 이런 질문도 물어보고 했는데 매번 도움이 엄청 많이 됐다. 구글링해서 찾는 것보다 훨씬 편하고 빠르게 솔루션을 찾을 수 있는 듯"

한결 접근하기 쉬워진 AI를 구글 검색 대신 사용하며 유용함에 감탄하거나, 낚시성 질문을 던지며 멍청함에 친밀감을 느끼거나. 사람들은 저마다의 목적으로 챗GPT를 찾았고, 그 결과 챗GPT는 출시 두 달 만에 월간활성이용자수(MAU) 1억 명을 넘기는 진기록을 달성했다. (참고로 MAU 1억 명 돌파까지 틱톡은 9개월, 인스타그램은 2년 6개월 걸렸다.) AI는 때로는 똑똑한 친구로, 때로는 엉뚱한 친구로 우리의 일상에 스며들었다.

2024년에는 AI에 대한 규제와 정책이 본격적으로 도입되기 시작했다. EU는 AI 기술의 투명성과 책임성을 위한 법인 AI규제법을 세계 최초로 통과시켰고, UN에서 2023년 말에 출범한 AI 자문위원회는 AI 시스템의 글로벌 거버넌스에 대한 합의를 도출하고자 다양한 활동을 펼쳤다.

"저는 AI에 대해서는 테드 창의 생각에 공감합니다. 특히 아래 타래에서 창의적 작업에 대한 설명에 동감이 되는데요. 저는 모든 예술은, 창작은 과정이 중요하다는 믿음이거든요. 다들 결과만 보고 평가하고, 결과만 보니까 괜찮다고 생각하기도 하지만 어떤 과정에서 이루어진 결과인지가 핵심이라는."

나아가 2024년은 사회적 차원의 논의뿐 아니라 개인적 차원에서도 AI에 대한 인식을 정립하기 시작했다는 점에서 의미가 있다. 각자 AI에 대한 나름의 가치관을 만들고 생각이 비슷한 이에게 공감

10년이라는 기간 동안
3번의 피크를 보이며 꾸준히 성장한 AI는
이미 사회 전 영역에 영향을 미치는
메가트렌드가 되었고,
시대를 대표하는 기술이 되었다.

하며 자발적으로 AI에 대해 논의를 펼쳐가는 중이다.

AI ○○기 (2025~?)

지난 10년간 AI는 놀라운 속도로 발전하며 우리 삶에 깊숙이 들어왔다. 도입기에는 AI라는 신기술에 대한 기대감과 위기의식이 공존했고, 확산기에는 AI의 윤리적 문제와 실용적 가치에 대한 논의가 일었다. 가장 최근인 성장기에는 일상에서 AI 서비스를 다양하게 활용하며 정부 차원은 물론 개인들도 AI에 대한 각자의 관점을 정립해가고 있다.

앞으로는 어떤 단계가 기다리고 있을까? 한 가지 확실한 것은, AI는 앞서 살펴본 메타버스나 블록체인처럼 몇 년 반짝하다가 사라질 유행이 아니라는 사실이다. 10년이라는 기간 동안 3번의 피크를 보이며 꾸준히 성장한 AI는 이미 사회 전 영역에 영향을 미치는 메가트렌드가 되었고, 시대를 대표하는 기술이 되었다.

AI가 열어준 새로운 여가(樂), 일(業), 학습(習)

과연 우리는 AI 시대를 어떻게 살아가야 할까? 사람들이 여가와 일, 학습에 AI를 활용하고 있는 모습을 통해 그 힌트를 얻어보자.

〈'인공지능' 연관 관심사 순위〉

	2022년		2023년		2024년(~8월)
1	그림	1	그림	1	이미지
2	로봇	2	이미지	2	로봇
3	교육	3	로봇	3	교육
4	빅데이터	4	교육	4	영상
5	영상	5	영상	5	그림
6	소프트웨어	6	빅데이터	6	업무
7	메타버스	7	업무	7	콘텐츠
8	업무	8	콘텐츠	8	음성
9	게임	9	소프트웨어	9	소프트웨어
10	음성	10	게임	10	빅데이터
11	이미지	11	음성	11	게임
12	클라우드	12	챗봇	12	영어
13	콘텐츠	13	클라우드	13	클라우드
14	수업	14	영어	14	공부
15	프로그래밍	15	코딩	15	챗봇
16	코딩	16	프로그래밍	16	텍스트
17	영화	17	공부	17	코딩
18	공부	18	텍스트	18	프로그래밍
19	영어	19	수업	19	그래픽
20	책	20	일러스트	20	유튜브
21	챗봇	21	유튜브	21	강의
22	체험	22	그래픽	22	프롬프트
23	소설	23	커버	23	커버
24	대회	24	강의	24	영화
25	작품	25	소설	25	메타버스
26	캐릭터	26	캐릭터	26	노래
27	유튜브	27	영화	27	음악
28	강의	28	프롬프트	28	캐릭터
29	텍스트	29	하드웨어	29	부업
30	그래픽	30	음악	30	소설

출처 | 생활변화관측소, 블로그+엑스+커뮤니티, 2022.01.01~2024.08.31

여가(樂) : 상상을 뛰어넘은 콘텐츠를 만들어주는 AI

"요즘 핫한 앱 EPIK으로 만들어본 미국 90년대 졸업앨범 컨셉! 나의
20~30대로 돌아갈 수는 없지만 그때의 모습을 조금이나마 느껴보고
싶은 생각이었는데…. 아이들이 엄마 모습이 있다고, 자매들은 너 그
때 더 이뻤어! 라고 칭찬해준 바람에 철없이 즐거운 시간을 보냈다"

2023년 가장 유행한 앱을 꼽으라면 사진 앱 '스노우'와 '에픽'을
빼놓을 수 없다. 스노우는 구글플레이에서 '2023년 올해의 베스트
앱'으로 선정되기도 했다. 내 사진을 업로드하면 미국의 1990년대
졸업앨범 컨셉의 사진 또는 나만의 2D 캐릭터를 만들어주었다. 스
노우와 에픽은 기존의 이미지 생성형 AI 서비스로 유명했던 미드
저니나 스테이블디퓨전과 달리 직관적이고 쉬운 사용법으로 엄청
난 인기를 끌었다. 특히 전문 스튜디오에 가지 않아도 내 사진을 올
리기만 하면 다양한 컨셉으로 실물보다 예쁘게 스타일링한 프로
필 사진을 받아볼 수 있어 각광받았다. 한동안 관공서에서 해당 사
진으로 증명사진을 제출하는 사람들이 늘어나 사용 금지 안내문이
붙을 정도였다.

"요즘 유튜브 가면 AI 딘이 온갖 노래 다 부르고 있더라"

악기가 되어버린 천재를 아는가? 최근 유튜브에서는 AI 커버 영

상이 인기다. 그중에서도 가수 딘(DEAN)의 목소리로 걸그룹 뉴진스의 노래를 커버한 영상이 조회수 400만 회를 넘길 정도로 화제를 모았다. 해당 영상의 댓글에는 백현의 'UN Village', 라우브의 'Paris in The Rain' 등 딘의 목소리로 들어보고 싶은 신청곡이 쇄도했다.

AI 덕분에 예전에는 구현하지 못했던 콘텐츠를 손쉽게 만들어낼 수 있다. 전문 기술이 없더라도 어떤 콘텐츠를 만들고 싶다는 아이디어만 있다면 이를 실제로 구현할 수 있다. 예전에는 백현의 노래를 딘의 목소리로 들으려면 백현과 딘이 콜라보해주기를 기다리거나 상상할 수밖에 없었지만, 이제는 AI 툴을 이용해서 내가 직접 만들면 된다. 이미지부터 영상, 노래까지 형식에 구애받지 않고 실현의 제약도 없는 AI 콘텐츠는 사람들이 즐거운 여가 시간을 보낼 수 있게 해주었다.

일(業) : 내 문제를 빠르게 해결해주는 AI

"ChatGPT를 상담사 역할로 사용하면서 많은 도움을 받고 있다. 업무 중 감정이 격해질 때, 내 감정을 휘갈긴 뒤 '이걸 업무 이메일용으로 다시 써줄래?' 요청하면, ChatGPT의 답변에 복잡한 감정이 풀리곤 한다."

"GPT 업무 적용 1일차 간단후기 : 이제 직원 왜 씀…? 3.5 구독버전 GPT 3.5(Default)를 업무에 활용할 목적으로 약 3시간 정도 (공백 포함11223자, 공백 제외 8800자) 학습시켰더니 기존에 있던 간단한 업무

들이 3시간 만에 GPT로 대체되었음 하루에 3시간 정도는 써야 하는 일이 단 10분 정도로 줄어버렸음. 그 3시간 일하는 것도 시간이 너무 아까워서 기존에는 직원을 썼는데 이제는 직원을 둘 필요가 없어짐 온전히 나한테 집중할 수 있는 세계가 열려버렸음. 3시간 사용해봤지만 월 구독료가 20불이 아니라 200불, 2000불이어도 나는 쓸 거 같음"

AI 덕분에 이제는 막내 사원도 개인 상담사, 비서를 두고 업무를 볼 수 있게 되었다. 개인 감정은 덜어내고 정중함을 더한 업무 이메일을 써주고, 영어 이메일도 몇 초 만에 작성해준다. 간단한 데스크 리서치는 물론 PDF 자료 요약까지 해서 읽기 좋게 정리해 보여주기도 한다. 최근에는 챗GPT 유료 버전 이용자만 사용할 수 있었던 GPTs 기능을 무료 버전 이용자도 사용할 수 있게 되었다. GPTs란 챗GPT를 나의 목적에 맞게 커스터마이징할 수 있는 기능으로, 사람들은 자기 업무에 최적화된 설정을 서로 공유하며 업무 생산성을 높여가고 있다.

"챗 gpt를 이용해 동화책 내용과 구성을 짜고 미드저니로 삽화를 그리는 식으로 진행되었습니다. 챗 gpt는 나름대로 괜찮은 동화책 내용을 써 주더라구요~ 미드저니로 그린 삽화 프롬프트 그림이 안 나와서 동화책 내용을 몇 번을 수정한 건지… 많이많이 부족하지만 어찌어찌 동화책을 만들어 등록까지 마쳤습니다"

AI 덕분에 생산성이 높아지자 본업 외에 부업에 도전하는 사람들도 늘고 있다. 챗GPT로 동화 내용을 짜고 미드저니로 삽화를 그려 전자책 동화를 출판하거나, AI 툴을 활용해 유튜브 영상을 만들고 이를 통해 수익을 실현하는 등의 흐름이 생겨났다. AI가 벌어준 시간에 다시 AI를 활용해 부가가치를 창출하는 것이다.

AI는 몇 시간짜리 일을 10분 만에 끝낼 수 있게 해주었고, 나를 대신해 각종 문제를 해결해주어 온전히 나에게만 집중할 수 있는 새로운 세계를 열어주었다. 이제는 일을 혼자서 어떻게 잘할지 고민하기보다는 어떻게 AI와 함께 일하고, AI가 벌어준 시간을 유용하게 활용할지 고민할 때다.

학습(習) : AI에게서 기억력과 피드백을 얻다

"ㅁㅊㅋㅋㅋ 친구가 영어강의를 클로바노트로 텍스트화하고 노션AI로 요약한 다음 DeepL로 번역 돌려서 공부함ㅋㅋㅋㅋㅋ"
"결국 내 부족한 기억력과 요약능력을 돈으로 샀다. 돈 최고. AI 능력 대박. 당연한 말이지만 나보다 요약 잘해 ㅠㅠㅋㅋㅋㅋㅋ"

요즘 대학생들이 영어 강의를 공부하는 모습이다. 음성 녹음을 텍스트로 바꾸어주는 '클로바노트', 메모와 문서 관리 등을 할 수 있는 '노션', 자연스러운 번역 성능을 자랑하는 '딥엘'까지, AI 툴을 적재적소에 활용하며 공부의 효율을 높이고 있다. 예전에는 강의

내용을 이해하고 요약하고 기억하는 것이 온전히 내 몫이었지만, 이제는 나의 부족한 기억력과 요약 능력을 돈 주고 살 수 있는 AI 시대가 되었다.

> "스픽 12개월 결제 갈기구 쓰는 중인데 넘 잼따 젤 재밌는 건 AI 튜터랑 대화하기… 오늘은 친구에게 하소연하는 실연당한 주인공 역할을 했다. AI가 동물원 판다 사육사 역할도 해주고, 돈까스 처음 먹는 친구 역할, 정신과 의사 역할도 하고 걍 해달라는 거 별거 다 해줌… 피드백은 말할 때마다 텍스트로 바로바로 보니까 전화영어 일 년 할 때보다 지금 4일 하는 게 훨씬 속시원"

전화영어 선생님과는 하기 민망한 각종 상황극도 거리낌 없이 해주고 맞춤형 피드백도 바로 해주는 AI 튜터. 영어뿐 아니라 스페인어, 중국어 등 내가 원하는 언어를 집에서, 무료로 공부할 수 있는 세상이 되었다. 사람들은 '스픽', '말해보카' 등 언어 공부 전문 앱을 사용해 공부하기도 하고, 직접 챗GPT 설정을 바꾸어 효과 좋은 나만의 영어 선생님을 만들기도 한다.

최근 오픈AI에서는 GPT-4o를 릴리즈하면서 수학 공부하는 아들과 아버지의 모습을 담은 영상을 공개했다. 아버지는 챗GPT에 "곧바로 답을 알려주지 말고, 아들 스스로 이해할 수 있도록 방향을 제시하고 질문을 해달라"고 요청한다. 챗GPT는 이 요청을 완벽하게 수행하는 것은 물론 문제를 풀어낸 학생에게 칭찬과 격려를 아끼지 않는다. 똑똑하고 마음씨도 따뜻한 AI 과외 선생님과 함께하는 수업이 일상화될 날이 머지않았다. 의지만 있다면 AI와 함께 영어, 수학, 그 무엇이든 공부할 수 있는 시대가 되었다.

AI 시대에 인간에게 요구되는 능력

"데이터를 통해 생활의 변화를 관측하는 것은 '선을 읽는' 일이다. '이것은 우리 시대를 과거와 다르게 구분하는 결정적 선이라 할 수 있겠구나' 하는 선이 있었는가?"

《2024 트렌드 노트》의 첫 문장이다. 생활의 변화는 달라지는 선이 말해주고, 시대의 변화는 생활의 변화를 좀 더 긴 호흡으로 바라보았을 때 알 수 있다. 지금까지 우리는 AI가 우리 생활에 남긴 선을 함께 좇아보았다. 메타버스, 블록체인이라는 선과 비교해보기도 하고, 감성이라는 관점에 선을 비추어보기도 하고, 사람들이 실제로 선을 그려가는 모습을 들여다보기도 했다. AI가 남긴 근 10년간의 선은 '우리 시대를 과거와 다르게 구분하는 결정적 선'이라 할 만했다. AI 시대는 이미 '우리 시대'가 되었다.

AI 시대에 우리는 어떻게 살아가야 할까? AI 연관 서술어의 변화에서 우리가 어떻게 행동해야 할지 힌트를 얻어보자.

"왜 [Her]에서 사만다에게 사랑을 느끼는지 알 것 같다. GPT는 내가

〈'인공지능' 연관 서술어 순위〉

	2022년		2023년		2024년(~8월)
1	대체하다	1	대체하다	1	만들다
2	활용하다	2	이해하다	2	활용하다
3	만들다	3	만들다	3	해결하다
4	알다	4	예측하다	4	그리다
5	예측하다	5	해결하다	5	경험하다
6	이해하다	6	활용하다	6	이해하다
7	말하다	7	알다	7	대체하다
8	지배하다	8	추천하다	8	이용하다
9	해결하다	9	발휘하다	9	말하다
10	추천하다	10	돕다	10	학습하다
11	돕다	11	지배하다	11	찾다
12	이용하다	12	그리다	12	예측하다
13	듣다	13	구매하다	13	묻다
14	학습하다	14	잘하다	14	듣다
15	찾다	15	진화하다	15	읽다
16	읽다	16	말하다	16	분석하다
17	성장하다	17	변화하다	17	돕다
18	진화하다	18	성장하다	18	추천하다
19	잘하다	19	경험하다	19	알다
20	좋아하다	20	이용하다	20	바꾸다
21	인정하다	21	듣다	21	선택하다
22	차지하다	22	강조하다	22	대화하다
23	바꾸다	23	학습하다	23	바라다
24	분석하다	24	기대하다	24	성장하다
25	기대하다	25	기여하다	25	얻다
26	그리다	26	읽다	26	강조하다
27	부르다	27	유행하다	27	적용하다
28	기여하다	28	찾다	28	사랑하다
29	사다	29	위협하다	29	지배하다
30	정복하다	30	유지하다	30	변화하다

출처 | 생활변화관측소, 블로그+엑스+커뮤니티, 2022.01.01~2024.08.31

AI 시대, 우리가 준비해야 할 것은?

원하는 대답을 해주네. 이거 스크립트로 어떻게 만들어? 저건 어떻게
만들어? 고마워⋯ 한번 해볼게."

무엇보다 인공지능은 나를 대체할지 모르는 존재에서 사랑하는
대상으로 바뀌었다. 우려와 위협이 주된 정서였던 도입기(2016~18
년), AI를 둘러싼 다양한 논란이 증폭된 확산기(2019~21년)를 지나,
AI 성장기(2022~24년)에는 내가 원하는 대답을 해주고 나를 괴롭히
는 문제에 해답을 주는 AI를 사랑하기에 이르렀다.

"2020년 11월에 ChatGPT가 처음 공개되고 AI에 대한 관심이 정말 더
뜨거워졌는데, 몇 년 지난 지금 몇몇 AI 기반 툴들을 사용해보고는 경
험해봐야겠다는 필요성을 느낌."

아울러 단순히 AI라는 존재를 아는 것에 그치지 않고 직접 사용
하고 경험을 쌓는 것의 중요성을 깨닫는 사람들이 많아졌다. 생성
형 AI로 그림, 노래 등의 콘텐츠를 만들어보거나, 일에서의 문제를
해결하거나, 공부하며 맞춤형 피드백을 얻는 등 각종 분야에서 다
양하게 AI를 활용하기 시작했다.

"네이버 블로그 이미지, 트윗 짤 찾아다니기 시간 낭비 끝! 챗 지피
티- DALL.E 사랑이죠 '오늘 미세먼지도 없고 날씨가 너무 좋아서 엄
마랑 점심시간에 산책하고 왔어. 이런 내 기분을 그림으로 표현해줄

래?' '고마워. 나는 지금 한국 서울이야. 배경을 바꿔줘' 마음을 읽고, 대화하는 식으로 오더를 하면, 이미지 무한출력 가능!"

AI를 활용해 좋은 결과물을 얻기 위해서는 좋은 질문이 선행되어야 한다. 원하는 결과물을 정확하게 요구하고 정교하게 질문하는 능력은 AI 시대에 반드시 갖추어야 할 역량이 되었다. 또한 AI를 제대로 사용하기 위해서는 한 번 명령하고 끝나는 게 아니다. 여러 번 입력-출력 과정을 거치면서 사람들은 'AI를 부른다'라고 하지 않고 점차 'AI와 대화한다'는 표현을 사용하기 시작했다.

AI와 잘 대화하기 위해서는

AI 시대에는 AI와 대화를 잘하는 것이 무엇보다 중요해진다. 이는 곧 좋은 질문을 던지고, 답변 가운데 내가 원하는 것을 선택해서, 끊임없이 적용하는 과정으로 요약할 수 있다.

"요즘 AI 프롬프터가 유망한 직종으로 떠오르고 있던데, chat-gpt를 사용해보니 질문을 정교하게 하는 게 핵심인 것 같다. 정확하게 질문할 줄 아는 힘은 결국 논리력에서 나오는 거겠지. 그래서 문해력은 앞으로도 필수적인 스킬이 될 것 같다."

프롬프트는 사용자가 AI에 질문하거나 요청할 때 입력하는 텍스트다. 프롬프트 엔지니어는 한때 억대 연봉이 가능하다며 유망 직업으로 많은 관심을 받기도 했다. 지금은 고소득 때문이 아니라도 AI를 활용하기 위해 많은 사람들이 프롬프트 공부를 하고 있다. AI 시대에 프롬프트 능력은 높은 연봉을 원하는 소수가 아니라 생존을 위해 모두가 가져야 할 기본 자질이다.

AI 시대에 프롬프트 능력이란 곧 질문하는 능력이다. 이 시대의 좋은 질문이란 정확한 질문이다. 내가 원하는 결과물이 무엇인지 인지하고, 그 결과를 얻기 위해 필요한 질문이 무엇인지 논리적으로 생각하고, 구체적이고 정교한 언어로 표현하는 힘을 길러야 한다.

"AI가 할 수 있는 일이 점점 많아지는 시대에 작업자들에게 필요한 것은 손기술보다는 이미 만들어진 좋은 것을 선택하는 편집력과 인문학적인 은유를 부여하는 능력이 아닐까?"
"무슨 일을 하기 전에 이거 GPT로 어떻게 빨리 처리할 수 있을지 먼저 고민하기. 전체에 대한 틀을 고민해보는 10분으로 전체 50분을 줄일 수 있다. 항상 전체 방향성을 먼저 고민해보고 일하기."

좋은 질문을 던져 AI에게서 결과물을 얻었다면 이제 선택을 해야 한다. AI는 1초 만에 수백, 수천 개의 옵션을 제공하지만 어떤 것을 선택할지는 결국 인간의 몫이다. 선택에서 중요한 점은 방향성이다. 지금까지는 남들이 하는 대로 따라 움직이고, 상사의 지시로 업무를 수행하고, 습관에 따라 관성적으로 공부했다면 이제는 달라져야 한다. 내가 원하는 것이 무엇인지 생각하고, 나의 방향성을 결정하고 그에 따라 행동해야 한다. AI 시대에는 우리 모두 의사결정자가 되어야 한다.

"와 이거 너무 좋다. 8월 독립의 달을 맞아 빙그레에서 죄수복 입은 모습으로 남은 독립운동가들께 한복을 지어드렸대! AI로 복원된 영웅들이 고운 한복 입으신 모습 보니까 완전 울컥해… 좋은 캠페인 많이 알았으면!"

생활변화관측소에서는 소셜미디어 언급량을 바탕으로 매주 주목받은 브랜드 순위(Brand Ranking Index&Norm, BRIN)를 발표하는데, 2024년 8월 1주 차에는 빙그레가 5위에 올랐다. 국가보훈부와 빙그레가 함께 진행한 '처음 입는 광복' 캠페인은 기존 죄수복 차림의 독립운동가 87인의 사진을 AI 기술을 활용해 한복을 입은 모습으로 복원한 캠페인이다. 2023년부터 집계를 시작한 브린 지수에 AI를 활용한 캠페인이 랭크된 것은 빙그레가 유일하다. 여기저기서 AI를 활용한 캠페인이 쏟아져 나왔지만, 그중 주목받은 것은 이처럼 방향성이 뚜렷하고 진정성이 느껴지는 캠페인이다. 특히 기술의 첨단에 서 있는 AI를 활용한 결과물이 사람을 향할수록 그 파급력이 커지는 모습이 관측된다.

"AI는 결과가 아니라 도구다. 인류에게 새로운 가장 강력한 도구가 쥐어진 것이다. 열린 마음으로 무엇을 하든 내 분야에 또는 주변에 활용

정확하게 질문하고,
방향성을 선택하고
열린 마음으로 도전하기,
AI 시대에
우리가 가져야 할 역량이다.

해보자. 시스템을 이해하되 지엽적이지 않게 먼저 시도해보자. AI는 이러한 서툰 새로운 도전의 비용을 급격히 낮춰줄 테니까. 일단 해보자!!!"

마지막으로, 열린 마음으로 AI를 내 분야 또는 주변에 실제로 적용해보는 행동이 필요하다. AI는 당신이 원하는 결과물을 손에 쥘 수 있게 해줄 강력한 도구다. 지금까지는 의지가 있어도 실제 결과를 만들어내는 데 실패할 수 있었고, 성공하더라도 그 과정이 지난했다. 하지만 AI 시대에는 배우는 데 1시간 걸리던 것이 5분 만에 가능하고, 5명이 할 일을 당신 혼자서도 할 수 있게 된다. AI가 낮춰준 도전의 장벽, 무엇이든 일단 시도해보라.

정확하게 질문하고, 방향성을 선택하고, 열린 마음으로 도전하기, AI 시대에 우리가 가져야 할 역량이다. 사실 AI라는 키워드를 지우고 보더라도 어떤 시대에든 중요했고, 중요할 능력이다. AI 시대라 해서 전에 없던 새로운 것을 거창하게 준비할 필요가 없다는 말을 하고 싶다. AI는 쉽고 재미있는 기술이어서 우리 일상에 빠르게 스며들었다. 그러니 AI라는 신기술을 열심히 공부해서 정복하겠다는 마음보다는, 쉽게 써보고 재미있게 활용하며 새로운 시대를 즐기면 좋겠다. 그럴 준비가 되었는가?

1. 메타버스, 블록체인 열풍은 지고 인공지능은 계속되는 이유를 기억하자.

핫하기만 한 브랜드는 결국 진다. 오래가려면 쉽거나 재미있어야 한다. 우리 브랜드를 표현해줄 수식어는 무엇인가?

2. AI 만능주의를 경계하라.

AI를 활용해 제품을 개발하고 마케팅 캠페인을 진행한다고 주목받는 시대는 이미지났다. AI 시대일수록 사람을 위한 제품, 사람을 향하는 메시지가 주목받는다. AI는 결과가 아니라 도구다. AI를 활용한 결과물이 사람을 향할수록 그 파급력은 커진다.

3. AI 시대, 질문하고 선택하고 도전하라.

AI 시대에는 누구나 프롬프트 엔지니어가 되어야 한다. 정확하게 질문하고, 방향성을 선택하고, 열린 마음으로 도전하라.

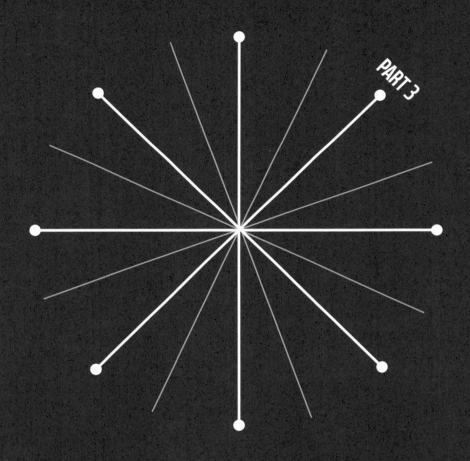

PART 3

새로운 소비 형태

Chapter 7

1인가구의 선택에는 한정된 자원으로 최상의 효과를 추구하는 효율과 로망을 담은 취향이 모두 담겨 있다.

혼자 사는 집에 들어오는 것들 _정현아

한정된 자원, 무한한 정보력

어른이 되면 드라마 속 커리어우먼 주인공처럼 깨끗하고 넓은 집으로 퇴근해 홈웨어를 입고 따뜻한 티를 마시며 하루를 정리하는 사람이 될 것 같았지만, 실상은 '자취남' 채널의 한 부분을 차지할 것 같은 1인가구의 삶을 살고 있다. 아파트도 아닌 오피스텔에 혼자 사는 1인으로 말이다.

대한민국에서 10가구 중 3가구는 혼자 사는 가구다. 독신 남녀와 1인가구가 늘어나는 세태를 반영해 혼자 사는 유명인들의 일상을 담은 〈나 혼자 산다〉가 2013년에 시작해서 지금까지 이어지고 있고, 그 외에도 최화정, 고현정, 강민경 등 멋있는 언니들의 혼자 사는 꿀팁이 담긴 유튜브와 유명인의 브이로그까지 혼자 잘 사는 사람들의 이야기는 다양한 매체로 전달되고 있다. 자취남과 같은 현실의 일상부터 연예인들의 화려한 하루까지 1인가구가 사는 모습은 계속해서 선보이고 있다. 하지만 그들이 어떻게 살고 있는지 실체를 아는가? 이번 장은 1인가구의 삶을 다루고 있지만 한편으로는 필자의 일기이며, 나와 친구 우리 모두의 일기이기도 하다.

1인가구의 집은 의사결정이 집약적으로 이루어지는 공간이다. 5장에서 살펴보았듯이 지금의 1인가구는 결혼하기 전에 거치는 잠깐의 시기가 아니라 어엿한 삶의 한 형태다. 다인가구에 살던 사람이 좁은 집에서도 삶의 질을 그대로 유지하기 위해서는 무엇을 들여오고 무엇을 내보내야 할까? 이것을 끊임없이 선택해야 한다. 게다가 그 의사결정을 혼자서 내려야 한다. 그렇기에 1인가구의 집에 들어오는 것들은 어떤 가구 형태에서보다 신중하게 선택된다. 그리고 이들은 치열하게 고민해서 얻은 소중한 정보를 또 다른 1인가구들과 나누고 싶어 한다.

이렇게 선택되고 공유된 것들은 앞으로 한국의 집과 인테리어의 트렌드가 될 것이다. 나아가 1인가구의 집에 들어오는 것을 보면 앞으로의 트렌드를 엿볼 수 있다. 누구보다 자신의 삶을 잘 꾸려가는 완성형 1인가구가 하는 고민과 선택에는 한정된 공간과 자원에서 최상의 효과를 추구하는 효율, 자신의 로망을 실현하고자 하는 취향이 모두 담겨 있기 때문이다. 모든 브랜드가 1인가구를 타깃으로 할 필요는 없지만, 모두가 1인가구의 집을 이해해야 하는 이유다. 다인가구에 비해 상대적으로 집이 좁기에 마음속 '이상형 월드컵'을 수도 없이 거친 후 선택된 것들만이 1인가구의 집에 들어올 수 있다. 과연 무엇이 선택되었는지 궁금하지 않은가?

집은 정체성이다

같은 회사에 같은 날 입사한 3명의 동기가 있다. 그들은 모두 지방에서 올라와 서울에서 혼자 산다. 셋 모두 당분간 결혼 생각이 없으며, 당장은 잘 먹고 잘 사는 것이 목표다. 재택근무를 한다는 특이사항도 같다. 하지만 같은 직장에 있을 뿐, 각자의 관심사와 라이프스타일은 모두 다르다. 그렇다면 그들의 집은 어떻게 다를까? 그들이 어디에 소비하는지 살펴보면 1인가구의 소비 형태를 큰 틀에서 조망할 수 있을 것이다.

〈1인가구 페르소나 유형〉

	페르소나1	페르소나2	페르소나3
관심사	함께하는 시간 #인싸	커리어 #일잘러	콘텐츠 #취미부자
지출	빈티지 가구 180만 원	구독 서비스 2만 5000원	VR기기 70만 원
핵심 가전	식기세척기	건조기, 로봇청소기	삼탠바이미, VR기기
구독 서비스	런드리고	오늘수거, 포켓샐러드	OTT, 네이버멤버십
공간 구분	다이닝룸	홈오피스	하비룸

월급의 절반을 테이블에 쓴 A

A는 사람들과 함께 보내는 시간을 중시한다. 올해 초 원룸에서 벗어나 전세 대출을 받아 처음으로 방 2개가 있는 집으로 이사한 후 매주 사람들을 초대해 대접하고 있다. 이사를 오고서 가장 먼저 한 일도 월급의 반 이상을 헐어 프리츠한센 다이닝 테이블을 들여놓은 것이다. 사람들을 초대해 맛있는 음식을 대접하는 용도로 일반 책상은 불편하고, 자신의 취향에도 맞지 않기 때문이다. 재택근무를 할 때도, 사람들과 식사를 할 때도, 혼자만의 시간을 보내며 책을 읽을 때도 함께하는 테이블은 월급의 반이 들어갔음에도 충분히 값어치를 한다. 초대한 사람 중에 누군가가 테이블을 알아보고 안목을 인정하기라도 하면 만족감은 더욱 커진다. 다음 달부터는 돈을 조금씩 모아 식기세척기를 구매할 계획이다. 친구들을 초대하는 것은 좋지만 그 후에 혼자 설거지하는 건 피곤하고 즐겁지 않기 때문이다. 나 대신 설거지해줄 식기세척기만 있다면 더할 나위 없겠다고 생각하며 적금을 준비하고 있다.

한 달에 2만 5000원을 가사 서비스에 쓴 B

B는 '갓생'을 추구하는 사람이다. 직장에서 일 잘한다고 인정받고 싶고, 러닝, 클라이밍 등 운동과 전시, 공연 등의 취미생활도 다 해내고 싶어 한다. 이렇게 바쁜 와중에 집에서의 시간도 소중히 여긴다. 그래서 B는 로봇청소기를 매일 돌리고, 때때로 로봇청소기 홈캠으로 밖에서도 집 상태를 확인하곤 한다. 그의 가장 큰 고민거

리는 가끔 재택근무할 때의 점심밥과, 집에 오래 있지 않아도 계속해서 나오는 쓰레기 분리배출이다. 고민 해결을 위해 엑스(구 트위터)에서 추천받은 '오늘수거' 서비스를 이용해보았다. 이용후기는 별점 5점! 부담스럽지 않은 비용에 깔끔하게 처리해주니 시간도 확실하게 아낄 수 있어 대만족이다. 그는 자신의 일을 덜어줄 또 다른 비우기 서비스는 없는지 유튜브를 통해 찾아본다.

VR기기에 70만 원을 쓰고, 델리에 7000원 쓴 C

C는 게임과 콘텐츠를 좋아한다. 넷플릭스, 디즈니플러스뿐 아니라 라프텔까지 구독하고, 웹툰을 미리 보기 위해 네이버멤버십으로 웹툰 쿠키를 굽는다. 최근에는 게임의 몰입감을 높이기 위해 70만 원을 투자해 VR기기를 구입했다. 아직 적응이 필요하지만 몰입도는 최고다. 콘텐츠를 즐기기 위해 아이패드를 살까 하다가 거거익선의 공식을 따라 '삼탠바이미'를 장만했다. 이동이 편리한 스탠바이미가 탐났지만 가격이 비싸고 원룸에서는 이동할 공간도 마땅치 않아 삼성 모니터와 거치대를 구입해 직접 삼탠바이미를 만들었다. VR기기와 삼탠바이미가 있으니 당분간은 집 밖에 나가고 싶지 않을 것 같다.

3명의 입사 동기는 같은 회사에서 같은 일을 하지만 월급은 각자 다른 곳에 쓰고 있다. 그들의 라이프스타일과 관심사에 따라 집에 들어오는 것들이 달라지고, 집의 구성도 달라진다. 사람을 초대할 때 유용하고 취향을 드러내기에도 좋은 다이닝 테이블을 산 A, 집을 꼼꼼하게 청소해주는 로봇청소기와 오늘수거 서비스를 이용하는 B, 콘텐츠 몰입을 위해 VR기기와 삼탠바이미를 구매한 C, 이처럼 집주인의 소비를 자세히 들여다보면 1인가구가 집에서 얻고자 하는 가치를 엿볼 수 있다.

집은 집안일이다

결혼 전 잠시 거처가는 형태라고 생각했던 1인가구는 과거의 이야기다. 부모님이 골라준 대로 집을 채우는 것이 아니라 이제는 수저와 그릇까지 내가 직접 선택한다. 선택에는 이유가 있다. 삶의 질, 편의성, 취향 등. 다행히 수많은 자취 친구들이 모아준 자취 필수템 목록 덕분에 구매가 한결 쉬워졌다. 각자 취향과 기준이 있지만 그래도 대부분 1인가구의 니즈는 비슷한 결을 가지고 있다. 그 니즈를 알아보자.

'혼자 사는데 집에 뭘 그렇게 가고 싶어서 야근도 안 하냐'는 상사의 말에 '나는 1인가구라 내가 집에 가지 않으면 가정이 무너진다'라고 응수해 유명해진 밈을 아는가? 많은 1인가구의 공감을 불러일으킨, 전국 모든 1인가구의 사정을 꿰뚫는 명문이다. 내가 없으면 집은 존재 의미가 없다. 무엇보다 남들은 가족끼리 나눠 하는 집안일이 1인가구는 모두 자기 차지다.

1인가구가 특히 많이 언급하는 집안일은 요리, 청소, 세탁, 쓰레기 분리배출이다. 하나같이 가장 기본적인 집안일이지만 시간이 많이 들고, 한 번으로 끝나지 않고 계속 해야 하는 일이기에 더 힘들게 느껴진다. 통계청이 발표한 1인가구 월평균 소비지출액 품목을 보면 음식·숙박 소비지출 비율이 높고 식료품·비주류음료 소비지출 비중은 낮다. 집밥보다 배달 음식 등 외식을 자주 이용한다는 뜻이다. 흔히들 직접 해 먹는 게 더 저렴한데 1인가구는 그걸 귀찮아서 외식을 한다고 생각하기 쉽지만, 크나큰 오해다. 외식보다 집밥이 싸다는 것은 어디까지나 여럿이 살 때의 이야기다. 1인가구는 식재료를 구입하면 상하기 전에 먹기 위해 식재료 활용 식단을 매번 짜야 하고, 그나마 일주일에 2~3번 먹는 게 고작이다. 즉 1인가구의 한 끼 비용은 요리하는 데 드는 시간과 정리 시간, (반 이상 버리게 될) 식재료비, 식단 구성에 드는 수고까지 포함되어 있으니 결코 낮지 않다. 그러니 밖에서 사 먹거나 아니면 닭가슴살, 샐러드 같은 간편식을 선택하게 된다. 1인가구 냉장고에 닭가슴살이 가득한 이유는 건강관리를 위해서이기도 하지만, 그게 가장 효율적인 선택이기 때문이다. 요리할 시간에 나를 위해 다른 활동을 할 수 있다는 점에서도 효율적인 선택이다.

지금의 1인가구는 누구보다 자신을 돌보는 데 열심이다. 건강도 중요하고 수고한 자신에게 제대로 된 요리를 대접하고 싶은 마음도 크다. 그러나 지친 몸을 이끌고 요리하기가 쉽지도 않고, 재료 처리도 걱정이 된다. 그래서 그들은 자신을 챙기는 다양한 구독 서비스를 이용한다. hy에서 운영하는 '잇츠온 샐러드'는 출시 5년 7개월 만에 누적 판매량 500만 개를 돌파했다.[1] 프레시 매니저가 무료로 배송하는 데다 맞춤 식단까지 제공한다니 실속 있게 나를 돌보기에 제격이다. 이런 1인가구의 니즈를 반영해 최근에는 CU 편의점에서도 식단관리 및 간편식사를 제공하는 '실속한끼' 구독 서비스를 출시했다.[2]

이렇듯 변화하는 1인가구의 생활에 맞춰 다양한 서비스가 생겨나고 있다. 쓰레기 분리배출은 비단 1인가구만이 아닌 모든 가정의 골칫거리지만, 특히 1인가구는 정해진 요일에 시간 맞춰 재활용 쓰레기를 내놓기가 쉽지 않고, 까다로운 분리배출 규칙에 따라 재활용 쓰레기를 처리하는 것도 어렵다. 이런 그들을 위해 시작한 듯한 '오늘수거'라는 앱이 있다. 전용 비닐봉지에 쓰레기를 한데 넣어 문앞에 두기만 하면 업체가 수거해 쓰레기 무게만큼 비용을 과금하는 서비스다. 쓰레기 버려주는 앱의 사용후기에는 수많은 1인가구의 만족스러운 평이 남겨져 있다.

"내가 생각하는 직장인들 1티어 필수어플 ♥ 정말 너무너무 편하고 가격 합리적이고 너무 좋아요 일주일에 만원으로 제 소중한 주말 시간을 온전히 다른 것에 쓸 수 있게 되었어요 독립을 하고 나서 보니 직장인이 평일에 분리수거를 해서 날짜에 맞춰 내놓는다는 것 자체가 빡

1 "hy, '잇츠온 샐러드' 누적 500만개 판매", 조선비즈, 2023.12.8.
2 "CU, 구독서비스 전면 개편… '고객 혜택 강화'", 뉴스1, 2024.5.16.

세다는 것과 주말에는 약속이 있거나 늦게 일어나고 싶을 때 쓰레기 버리러 가는 것이 부담스럽다는 느낌을 받을 때가 많았는데… 오늘수 거 광고를 보고 반신반의하며 한번은 해보자 해서 신청한 지 84일!"
"일단 이 어플은 쓰레기 버려주는 어플이야 그래 쓰레기 들고 집 밑에 두고 오기만 하면 되는 그 쓰레기… 버려주는 거 맞아… ?? : 아니 그 거 그냥 출근하면서 버리기만 하면 되는 거 뭐가 시간이 없다는 거? 아니아니아^^ 쓰레기 분리하는 것도 다 시간과 에너지다… 언제 페트 병에 라벨 일일이 분리하고… 언제 분류해서 버리고… 유통기한 지난 두부 언제 다 음쓰통에 넣고 씻어서 말려서 플라스틱 통 버리고… 이 건 그 행위를 대신하는 어플이라고 할 수 있다ㅎ 요금도 엄청 비싸다 고 생각은 안 들거든 나 대신 설거지하고 깨끗하게 분리배출 해주는 데 ㅎㅎㅎ………… 여튼 어떤 게으름뱅이의 후기 끝!"

어떤 이들은 주기적으로, 어떤 이들은 냉장고 청소를 하거나 대청소할 때 부르는 등 각자의 여건에 맞게 서비스를 이용한다. 매주 사용하건 한 달에 한 번 사용하건, 이용자들은 까다로운 분리배출에 쏠 시간과 에너지를 아껴 내가 필요한 곳에 쓸 수 있다는 점에 만족한다.

이처럼 1인가구가 이용하는 서비스에는 시간과 전문성이 담겨 있다. 내 시간을 들이기 아까운 일에는 기꺼이 돈을 쓰고, 내가 잘 하지 못하는 일은 전문가에게 맡긴다. 주52시간 근무제가 시행된 후 직장인들은 자기 시간의 중요성을 그 어느 때보다 깊이 인지하

〈가구별 '일상생활' 연관어 순위〉

1인가구		2인가구		3인 이상 가구	
1	요리	1	인테리어	1	육아
2	청소	2	요리	2	청소
3	인테리어	3	육아	3	요리
4	빨래	4	청소	4	설거지
5	설거지	5	설거지	5	빨래
6	세탁	6	빨래	6	인테리어
7	수납	7	리모델링	7	수납
8	리모델링	8	수납	8	리모델링
9	분리수거	9	세탁	9	세탁
10	수리	10	수리	10	분리수거

출처 | 생활변화관측소, 블로그+커뮤니티, 2021.01.01~2024.08.31

기 시작했으며, 지금은 주52시간을 넘어 주4일제를 외치고 있다. 이렇게 확보한 시간에 커리어를 위해 공부하거나 나를 위해 운동하기도 모자란데, 1인가구는 집에 돌아와 집안일이라는 숙제를 해야 한다. 이럴 때 사람들은 지갑을 연다.

1인가구를 위한 서비스는 집 스타일링, 정리수납 서비스와 같은 특별한 것이 아니다. 쓰레기 분리배출처럼 일상적이고 기본적이지만 시간을 많이 잡아먹는 일이 무엇일지 생각해보자. 그 불편을 메워주고 시간을 아껴주는 서비스라면 1인가구는 물론이요 조만간 모두에게 필요할 것이다. 위 도표에 그 힌트가 있다.

1인가구가 이용하는 서비스에는
시간과 전문성이 담겨 있다.

돈을 주고라도 고용하고 싶은 우렁각시

가전업계에는 신혼 가전과 이사하는 가정을 위한 혼수 5종, 7종과 같은 필수템 모음이 있다. 그러나 아직 1인가구 필수템 모음은 없어서 모든 것을 개별로 구매해야 한다. 만약 1인가구 필수템을 만든다면 어떤 것들이 포함될까?

1인가구 사이에 뜨는 가전을 살펴보면 음식물처리기, 로봇청소기, 건조기, 식기세척기 등 편의의 가전과 스탠바이미 등 취향의 가전으로 크게 나뉜다. 건조기, 식기세척기, 로봇청소기는 대표적인 '이모님 가전'이다. 내가 집에 없는 동안 알아서 가사노동을 해준다고 해서 붙여진 별칭이다. 1인가구도 '이모님'이 필요하다. 1인가구는 집이 좁으니 청소하기 쉬울 거라는 생각은 큰 오해다. 넓든 좁든 그 면적을 오롯이 홀로 해결해야 하기에 나 대신 해줄 가전이 필요하다. 다인가구에는 이모님 가전이 삶의 질을 높이는 품목으로 여겨질지 몰라도, 1인가구에는 이게 없으면 집이 제대로 유지되지 않는 필수품이다.

> "1인가구일수록 모든 가전을 갖추고 살아야 하는 거 같아… 로청 식세기 이것들이 없었다면… 진짜 집 개엉망됐을 듯"
> "1인가구 직장러 집안일 최소화하려고 로봇청소기 건조기 식세기 구비함 머리카락 길면 청소기에 걸리니까 돌돌이로 그때그때 떼고 출근할 때 로봇청소기 돌려놓고 나감 식세기는 혼밥하면 잘 안 써지는데 친구들 오면 빛을 발함 욕실은 매일 샤워 후에 세탁할 수건으로 물기

닦아버려야 물 때 안 생김"

1인가구의 집안일 톱3에 들어가는 빨래는 건조기가 해결해준다. 건조기를 구매하는 이유에 대해 으레 뽀송한 호텔식 수건을 떠올리겠지만, 1인가구가 건조기를 집에 들인 이유는 호텔식 수건으로 상징되는 삶의 질보다는 나 없이도 해결된다는 편안함 때문이다. 세탁한 후에 빨래를 널어야 하는 수고와 안 그래도 좁은 집에 빨래 건조대까지 펼쳐놓는 불편을 피할 수 있어 건조기를 선택한다. 건조기를 돌려놓고 출근하면 퇴근 후 집에 왔을 때 잘 마른 빨래가 기

〈'1인가구' 연관 가전 증감률 순위〉

	가전	증가율(%)		가전	하락률(%)
1	스탠바이미	+4.70%	1	에어프라이어	-2.07%
2	홈캠	+2.65%	2	비데	-1.69%
3	로봇청소기	+1.69%	3	프로젝터	-1.57%
4	음식물처리기	+1.45%	4	에스프레소머신	-1.30%
5	러닝머신	+1.30%	5	다리미	-1.25%
6	건조기	+0.95%	6	캡슐머신	-1.18%
7	제습기	+0.68%	7	가습기	-1.02%
8	냉동고	+0.33%	8	스피커	-1.02%
9	세탁기	+0.31%	9	무선청소기	-0.99%
10	식기세척기	+0.21%	10	턴테이블	-0.96%

출처 | 생활변화관측소, 블로그+커뮤니티, 2021.01.01~2024.08.31

Chapter 7

다리고 있다. 식기세척기 또한 넣어놓으면 알아서 설거지를 해주기에 1인가구의 집에 들어올 수 있었다. 이런 흐름을 타고 최근 건조기와 식기세척기는 소형가전으로 많이 출시되고 있다. 물론 1인가구도 잔뜩 쌓인 빨래와 설거짓거리를 한꺼번에 처리할 수 있는 큰 사이즈를 선호하지만, 집 규모와 예산에 맞춰 소형을 구매한다. 집 안의 구성원이자 가장인 1인가구에는 가전이 집안일을 함께하는 또 다른 가족이다.

나 없이도 집안일을 해주는 가전이 뜨는 반면, 한때 모든 집에 들어왔으며 특히 1인가구의 필수템으로 꼽히던 에어프라이어와 대표적인 취향 가전이자 '오늘의집' 집들이 단골템인 빔 프로젝터는 지고 있다. 1인가구의 삶의 질은 높일 수 있지만, 근본적인 니즈는 해결해주지 못하기 때문이다. 에어프라이어는 죽은 치킨을 살리고 냉동식품을 외식 수준의 퀄리티로 변화시키지만, 냉장고를 열 때마다 눈에 들어오는 냉동식품은 오히려 삶의 질을 떨어뜨린다. 자신을 소중히 여기며 관리하는 이들에게 냉동식품은 끼니를 대충 때운다는 인상을 준다. 빔 프로젝터는 영화관에 온 듯한 분위기로 자취의 낭만을 실현시켜 주며 큰 TV를 대신했지만, 넓은 벽이 있어야 한다는 제약 때문에 어디든 이동할 수 있는 스탠바이미(삼탠바이미)로 대체되었다. 이처럼 취향의 가전에서도 활용도가 높은 가전이 선택되고 있다. 로망만 있는 가전은 이제 1인가구의 집에 들어오지 않는다. 그들은 이 가전이 나의 자유시간을 보장해줄지, 나의 로망을 해결해주면서 효용도 있는지까지 따진다.

그 밖에 홈캠의 언급량이 증가하는 것도 눈에 띈다. 반려동물 가구가 많아져 집 밖에서 틈틈이 집에 있는 반려동물을 확인하기 위해서다. 아예 로봇청소기를 구입할 때 카메라가 달린 옵션을 선택해 집에 없는 동안 내부를 살피며 안정감을 느끼기도 한다. 런닝머신의 언급량이 늘어나는 것에서는 사람들이 몸을 관리하는 데 관심이 많음을, 제습기의 증가에서는 공기의 질과 쾌적함을 얼마나 중시하는지를 알 수 있다. 이처럼 1인가구의 집에 어떤 가전이 들어오는지를 보면 오늘날의 관리 트렌드를 알 수 있고, 소형가전과 삼탠바이미처럼 어떤 부분에서 타협하는지를 이해함으로써 사람들이 무엇을 중시하고 어느 지점에서 절충하는지 알 수 있다.

이 글을 읽는 독자들 가운데 '우렁각시'를 모르는 사람은 거의 없을 것이다. 우렁각시 이야기의 결말과 교훈은 기억나지 않더라도, 누구나 나를 위해 집을 청소하고 음식을 해주는 우렁각시를 내심 원하지 않을까. 1인가구에게는 가전이 가족이자 우렁각시다. 집은 끝없이 케어해야 할 대상이며, 1인가구는 본인이 아니면 돌볼 사람이 없다. 퇴근 후에도 깔끔하게 정돈돼 따로 손댈 필요 없는 집이 반겨주길 원하는 1인가구에게 우렁각시가 되어줄 다음 가전은 무엇일까? 나 대신 불을 꺼주고 알아서 건조기를 작동시켜 주는 홈 IoT? 옷의 구김을 펴고 냄새를 없애주고 세탁소 가는 시간도 줄여주는 스타일러?

집은 작업실이다

1인가구의 집 평수는 어느 정도일까? 1인가구 커뮤니티에서 언급된 바를 평균 내보면 약 16평으로, 최근 통계인 14평과 비슷하다. 14평은 넓은 거실과 방 한 개인 1.5룸이거나 작은 거실에 방이 2개인 면적으로, 취향껏 공간을 구성하기엔 아무래도 좁다고 느껴질 것이다. 다인가구에서 태어나 지금까지 살다가 독립한 이들은 좁은 집에 만족하기보다는 원룸에서도 본가에서만큼 다양한 용도로 공간을 누리고 싶어 한다. 《2024 트렌드 노트》에서도 "1인가구의 최대 관심사는 자기관리와 공간 분리"라고 언급한 바 있다. 여기서 말하는 '분리'는 물리적인 차단이 아니라 방마다 역할을 부여하는 인식적인 구분이다. 그들이 작은 집에서도 누리고 싶어 하는 '공간'에는 어떤 것이 있을까?

다인가구와 비교할 때 1인가구가 언급한 공간 중에는 침실, 작업실, 홈오피스, 홈짐이 눈에 띈다. 사람들을 만나고 돌아온 뒤 제대로 쉴 수 있는 침실과 자기 작업을 할 수 있는 작업실 또는 홈오피스 공간을 원하는 것이다. 누구에게나 집은 중요하지만 특히 1인가구에게 집은 온전히 혼자 있을 수 있는 휴식의 공간이자 취미의 공간이다.

작업실은 재택근무를 하는 사람들에게만 필요한 업무 공간이 아니다. N잡러 등 퇴근 후 또 다른 삶을 꿈꾸는 사람들에게 집은 꿈을 키우는 공간이 된다.

〈가구별 '집' 연관 공간 순위〉

	1인가구		2인가구		3인 이상 가구
1	욕실	1	거실	1	욕실
2	주방	2	주방	2	거실
3	거실	3	욕실	3	주방
4	안방	4	안방	4	안방
5	베란다	5	베란다	5	베란다
6	현관	6	드레스룸	6	현관
7	침실	7	현관	7	복도
8	드레스룸	8	침실	8	창고
9	복도	9	복도	9	드레스룸
10	창고	10	서재	10	침실
11	서재	11	창고	11	아이방
12	작업실	12	세탁실	12	놀이방
13	세탁실	13	팬트리	13	공부방
14	다용도실	14	다용도실	14	서재
15	팬트리	15	컴퓨터방	15	팬트리
16	다이닝룸	16	다이닝룸	16	세탁실
17	컴퓨터방	17	놀이방	17	다용도실
18	홈오피스	18	작업실	18	작업실
19	파우더룸	19	공부방	19	다이닝룸
20	홈짐	20	홈오피스	20	알파룸

출처 | 생활변화관측소, 블로그+커뮤니티, 2021.01.01~2024.08.31

"작업 공간과 휴식 공간의 분리를 미리 생각했던 터라 주방과 이어진 공간은 작업실로, 분리된 공간은 침실로 사용하면서 두 공간에서 생활이 다른 만큼 분위기도 다르게 만들고자 했어요… 작업실에는 이것저것 좋아하는 것들로 가득 채우고 있어요. 일과 복잡한 생각으로 채워진 작업실과 다르게 침실은 내일을 위해 비우는 공간으로 만들고 싶었어요. 침대에서만 보내는 시간이 하루의 1/3로 꽤나 차지하기 때문에 침대를 제외하고는 가구도 거의 없는 편이에요."

"데스크테리어 존은 제가 좋아하는 세상의 모든 것들을 다~ 모아 놓은 공간이에요. 이 공간에서 작업도 하고, 취미생활도 하고, 커피도 마시고 많은 일을 한답니다. 데스크테리어존만큼은 큰 것에 집중하지 않고, 식물, 트레이, 연필꽂이 등등 사소한 소품들을 취향껏 모아가며 꾸미고 있어요. 이 공간에 앉으면 괜히 아이디어가 샘솟는 것 같고 굉장히 창의적인(?) 일을 할 수 있을 것만 같은 기분이 들어요."

공간 구분 못지않게 그 공간을 채우는 데에도 다양한 선택지를 고려한다. 작업실 용도로 혼자 사는 집에 들어오는 가구 중 가장 큰 것은 테이블이다. 재택근무를 자주 하는 필자는 신입사원 시절 구매한 1200×600짜리 노트북 책상을 여전히 쓰고 있지만, 매달 월급이 들어올 때마다 어떤 테이블로 바꿀지 고민하곤 한다. 데스크테리어하기 좋게 폭이 더 넓은 테이블로 바꿀까? 사람들을 초대하기 적합하게 폭이 넓고 긴 타원형 테이블로 바꿀까? 오늘의집에 자주 등장하는 감성템 원형 테이블 일변도에서 벗어나 자신의 라이프스

〈'1인가구&집' 연관 제품 순위〉

	2021년		2022년		2023년		2024년(~8월)
1	침대	1	침대	1	침대	1	침대
2	책상	2	테이블	2	테이블	2	테이블
3	소파	3	소파	3	소파	3	소파
4	테이블	4	책상	4	매트리스	4	책상
5	매트리스	5	매트리스	5	책상	5	식탁
6	식탁	6	의자	6	식탁	6	의자
7	의자	7	식탁	7	조명	7	매트리스
8	조명	8	조명	8	의자	8	소품
9	거울	9	거울	9	소품	9	조명
10	커튼	10	옷장	10	거울	10	거울
11	옷장	11	소품	11	커튼	11	옷장
12	소품	12	식물	12	옷장	12	식물
13	식물	13	커튼	13	식물	13	커튼
14	선반	14	선반	14	선반	14	선반
15	화장대	15	화분	15	토퍼	15	디퓨저
16	화분	16	토퍼	16	화장대	16	토퍼
17	행거	17	화장대	17	화분	17	서랍
18	토퍼	18	슬리퍼	18	수납장	18	슬리퍼
19	책장	19	행거	19	슬리퍼	19	수납장
20	슬리퍼	20	서랍	20	서랍	20	화장대
21	서랍장	21	수납장	21	디퓨저	21	책장
22	서랍	22	디퓨저	22	신발장	22	화분
23	수납장	23	책장	23	서랍장	23	쿠션
24	쿠션	24	쿠션	24	행거	24	신발장
25	러그	25	러그	25	책장	25	패브릭

출처 | 생활변화관측소, 블로그+커뮤니티, 2021.01.01~2024.08.31

Chapter 7

타일과 용도에 맞게 테이블은 더 커지고 개인 맞춤화되고 있다.

취향 셀렉트숍 29CM는 '이구홈'을 앞세워 홈 카테고리를 강화하고, 유명인들이 나다운 삶을 완성하기 위해 집에서 지키는 규칙과 아이템을 소개하는 '하우스룰즈' 캠페인을 전개했다. 누구나 자신의 취향과 삶을 반영한 공간을 완성할 수 있도록 기회를 주고자 기획했다고 한다. 29CM 홈 카테고리를 보면 사람들이 지금 선택하는 소품을 알 수 있다. 2024년 여름의 홈데코 인기상품은 '액막이 명태 오너먼트'와 '댕기 명주실 북어'였다. 21세기에 액막이 제품이 인기라니 의아할 수도 있겠지만, 여기서도 트렌드가 읽힌다. 1장에서 언급했듯이, 사람들은 자신을 알기 위해 MBTI를 분석하듯 사주와 타로를 보고, 작은 행운이라도 얻기 위해 네잎클로버 키링과 행운 부적을 지니고 다닌다. 이러한 트렌드가 집에 들어와 명태 오너먼트와 명주실 북어가 탄생했다. 집들이에 가거나 작은 선물을 해야 한다면 향기로운 액막이 명태 오너먼트를 추천한다. 이와 비슷하게 달항아리 조명이나 캔들도 유용하다. 순백의 달항아리는 풍수지리학적으로 다복의 상징이며, 좋은 기운을 가져다준다고 알려져 있다. 이러한 의미를 담은 소품들이 혼자 사는 집에 들어오고 있다.

이제 의미나 취향이 담기지 않은 제품은 1인가구의 선택을 받기 어렵다. 좁은 집을 채우는 가장 중요한 기준은 효용이지만, 효용이 충족되면 그 이후에는 개인의 취향에 따라 선택된다. 거울은 지고, 기능성이 있으면서 취향도 반영할 수 있는 디퓨저는 여전히 각광받는다. 거울이라도 차별화를 꾀한 '포스터샵'이나 '세이투세'의 거울은 선택받지만, 일반적인 거울은 화장실 거울로 손쉽게 대체된다.

패브릭은 누구에게나 중요하지만 1인가구에게는 다른 의미로도 유용하다. 그들에게 패브릭은 벽지와 같은 역할을 한다. 집 벽지를 바꾸고 새로운 가구를 들이기는 쉽지 않지만, 침구를 바꾸는 것만으로도 손쉽게 방의 분위기를 바꾸고 기분전환을 할 수 있다. 필자는 패브릭 세트를 구매했을 때 비로소 혼자 사는 것을 실감했다. 그동안은 엄마가 골라주는 침구를 선택했는데, 내 취향이 담긴 패브릭을 구매하면서 진정한 1인가구의 생활을 시작한 것이다. 로망을 실현하기 위해 호텔에서 봤던 침구를 고르기도 하고, 집 컨셉에 맞춰 형형색색의 패브릭을 구매하거나 '포토제니아굿즈', '포식스먼스' 등 침구에 아트 포인트를 주기도 한다.

> "침실은 크게 인테리어를 바꾸기 어려워서 베딩을 교체해주는 걸로 대신하고 있어요. 침구의 색상이나 패턴만 달라져도 침실의 분위기가 확 바뀌더라고요."

> "집 분위기를 바꾸고 싶을 때는 주로 패브릭을 교체합니다. 침구, 러그, 커튼만 바꿔줘도 분위기가 확 달라지거든요. 원룸이라 가구 배치가 한정적이고, 가구를 바꾸기에는 예산이 많이 들기 때문에 종종 패브릭만으로 인테리어를 바꿔주고 있어요."

집은 단순히 예쁘게만 꾸미는 공간이 아니라 라이프스타일과 취향에 맞는 가구와 소품을 배치하면서 자신만의 무드를 찾아가는

〈'1인가구' 연관 공간별 라이프 품목 순위〉

	침실		거실		주방		서재(작업실)		현관
1	침대	1	소파	1	냉장고	1	책상	1	세탁기
2	소파	2	TV	2	테이블	2	소파	2	식탁
3	싱글침대	3	식탁	3	전자레인지	3	테이블	3	조명
4	TV	4	테이블	4	식탁	4	책장	4	커튼
5	매트리스	5	냉장고	5	그릇	5	조명	5	신발장
6	조명	6	책상	6	의자	6	소품	6	타일
7	테이블	7	조명	7	컵	7	옷장	7	거울
8	이불	8	커튼	8	커튼	8	의자	8	중문
9	침구	9	의자	9	인덕션	9	화장대	9	수납장
10	책상	10	옷장	10	식기	10	서랍장	10	액자
11	옷장	11	화장대	11	타일	11	선반	11	선반
12	커튼	12	소품	12	소품	12	수납장	12	행거
13	의자	13	토퍼	13	선반	13	붙박이장	13	소품
14	소품	14	거울	14	접시	14	커튼	14	발매트
15	화장대	15	커버	15	밥솥	15	거울	15	붙박이장
16	거울	16	책장	16	수납장	16	모니터	16	청소기
17	패브릭	17	수납장	17	식기세척기	17	스피커	17	슬리퍼
18	협탁	18	선반	18	오븐	18	스탠드	18	화분
19	퀸침대	19	러그	19	티슈	19	파티션	19	팬트리
20	베개	20	쿠션	20	에어프라이어	20	리클라이너	20	디퓨저

출처 | 생활변화관측소, 블로그+커뮤니티, 2021.01.01~2024.08.31

혼자 사는 집에 들어오는 것들

공간이다. 그런 점에서 큰 가구인 테이블이 뜨고 효율적인 행거가 지는 것은 중요한 의미가 있다. 결혼 전 임시거처라 생각하여 옷장 대신 행거를 구매했던 과거와 달리 이제는 제대로 된 옷장을 들이 거나, 적어도 행거의 정돈되지 않은 모습을 가리고자 한다. 이런 수요에 맞춰 가구 회사들은 좁은 틈새에도 설치할 수 있는 시스템 행거나 파티션으로 가릴 수 있는 행거를 출시하기도 한다.

이외에 1인가구의 공간에는 어떤 것들이 들어오고 있을까? '침대는 과학이다'라는 카피로 대한민국 사람들의 인식을 바꾼 에이스침대는 1인가구의 집에 들어오기엔 다소 부담스러운 가격이다. 이사할 때도 무거운 침대를 가지고 가려면 운반비가 더 든다. 그럼에도 온전한 휴식을 취하기 위해 1인가구도 침실에 돈을 쓴다. 거거익선이라는 말이 있듯이 편하게 자기 위해 사이즈가 큰 퀸침대를 원한다. 예산과 방의 크기가 퀸침대를 허용하지 않는다 해도 수면의 질은 포기할 수 없다. 값비싼 매트리스를 살 수 없다면 대신 '닥터파베'의 경추베개, '노르딕슬립'의 사이드슬리퍼 등 내 꿀잠을 도와줄 제품을 구매한다. 자신을 케어하는 용도의 제품에는 언제든 투자할 용의가 있다.

다음은 거실. 손님이 오면 파티룸이 되고, 원룸에서는 작업실이 되기도 하는 거실은 소파와 큰 책상, 러그만 있으면 기본적인 역할 구분이 된다. 거실의 변화는 러그와 쿠션이 담당한다. 사각형이나 원형 일변도에서 탈피해 세이투셰 같은 비정형 러그로 거실 공간을 구분하기도 하고, 타일형 러그로 미드센추리 분위기를 연출하거나 '슬립타이트오브젝트' 러그로 바다 등 이색적인 분위기를 줄 수도 있다. 집의 중심인 거실에서 러그의 변화로 집 전체의 분위기를 바꾸는 셈이다. 거실에 포인트를 주는 쿠션은 일반적인 형태부터 고양이 그림, 캐릭터 디자인까지 다양한 취향을 담을 수 있다. 집의 포인트를 바꾸고 싶다면 거실과 쿠션으로 변화를 주자.

1인가구의 주방은 요리를 하고 싶어도 좁아서 동선이나 꾸미기에 어려움이 있다. 그럼에도 취향을 담는다면 그릇, 컵, 식기로 가능하지 않을까? 혼자 사는 지인에게 필자가 가장 많이 하는 선물은 테이블웨어다. 자취를 처음 시작할 때는 곧 이사할 생각으로 다이소에서 저렴하고 튼튼한 것을 고르지만, 해가 갈수록 요리는 못 해도 차려 먹고 싶은 욕구가 커지기 마련이다. 물 한 잔 따라 마시고 배달음식을 옮겨 담는다 해도 컵과 그릇이 예쁘면 나를 위한 환대처럼 느껴진다. 그래서 자취생에게 환영받는 그릇이 '면기'다. 한 그릇 요리를 주로 먹는 1인가구에게 면기는 파스타, 덮밥 등 다양한 요리에 두루 유용하며, 설거지도 쉽다.

"자취생이 그릇을 단 하나만 산다면 가장 추천하는 그릇 면기. 면기로 앞접시도 하고 덮밥도 올려 먹고 면기답게 면 요리도 담아 먹고 제일 많이 씀. 자취 시작할 때 쿠팡에서 접시세트도 사고 면기도 따로 샀는데 면기만 거의 주구장창 쓰는 듯"

영감의 공간인 작업실은 장비의 공간이기도 하다. 화가, 음악가 등 예술작업을 하는 이들에게 자신만의 장비가 있듯이 1인가구 직장인에게도 장비가 중요하다. 우선 영감과 업무 효율을 높이기 위해 모니터, 스피커, 조명을 갖춘다. 게임, 업무, 콘텐츠 등에 두루 활용하는 모니터, 음악을 흐르게 해 몰입을 돕는 스피커, 작업실 분위기와 집중의 밀도를 높여주는 조명까지, 작업실에 들어오는 것을 보면 사람들이 무엇을 통해 어떻게 몰입하는지 알 수 있다.

반대로 현관은 가리고 싶은 영역이다. 좁은 집에서 현관은 신발장이자 창고이자 재활용품 적재소다. 1인가구는 신발장이나 자투리 공간을 활용해 팬트리를 짜넣는 등 수납의 달인이 되어간다. 그럼에도 재활용품과 정리되지 않은 신발 등 어수선함을 어쩔 수 없으면 집 내부에서 보이지 않도록 커튼으로 가린다. 그러나 현관은 집에 들어올 때 가장 먼저 맞이하는 공간이기도 하므로 가리기만 한 채 허투루 방치할 수 없다. 좁은 현관에 포인트를 주기에는 도어 매트가 제격이다. 문구가 있는 매트, 화려한 모양, 손뜨개 느낌 등 소재도 문양도 다양해 어떤 도어 매트를 선택하느냐에 따라 우리 집에 오는 손님에게 색다른 메시지를 전달할 수도 있다. 필자가 장바구니에 넣어놓은 것은 레이지지의 겟아웃 러그(Get out of my room)다.

내게 맞는 베개, 거실 분위기를 좌우하는 러그, 작업실 모니터, 현관 앞 도어 매트까지, 엄마가 사준 이불과 다이소에서 구매한 식기를 내가 선택한 물건으로 하나하나 바꿔가면서 사람들은 자신의

의미나 취향이 담기지 않은 제품은
사람들의 선택을 받기 어렵다.

취향을 발견하고, 스스로를 알아간다. 집은 가장 오래 머무르는 공간이며, 집을 가꾸는 것은 곧 나를 가꾸는 것이다.

서두에 소개한 1인가구 3인의 페르소나에서 볼 수 있듯이, 하는 일이 같고 버는 돈이 같더라도 라이프스타일과 관심사에 따라 집의 형태와 소비 형태가 달라진다. 저마다 자신의 취향대로 집의 컨셉을 정하고, 중요시하는 것에 따라 같은 집이라도 다이닝룸, 홈오피스, 하비룸 등 공간 구성을 다르게 한다. 많은 의사결정이 이루어지는 1인가구의 집에는 집주인의 취향과 삶, 그들의 정체성이 고스란히 반영되어 있다.

먹고 살기는 어렵고 좋아하는 것은 많아진 오늘날, 사람들은 좋아하는 것에 자원을 쏟기 위해 확실하게 선택을 한다. 선택 공식은 '효율이거나 로망이거나'다. 자신이 좋아하는 것에는 아낌없이 돈을 쏟고, 중요하지 않은 것에는 가성비 넘치게 최대한 저렴한 방법을 모색한다. 효용가치가 중요하지 않다면 다이소에서, 자신의 취향을 드러낼 수 있다면 큰돈이 들더라도 기꺼이 빈티지 가구를 산다. 이처럼 집은 취향의 집합체이며, 나를 보여주는 소비의 결정체다.

1. 1인가구는 타깃이 아니라 힌트다.

한정된 자원으로 효율성과 취향까지 충족해야 하는 1000만 1인가구의 선택은 우리 사회 전체의 트렌드를 가늠하는 창이 될 수 있다.

---

2. 가장이자 구성원인 1인가구,
그들에게 필요한 것은 시간과 전문성이다.

자신만의 시간이 필요한 1인가구를 위해 그들의 시간과 수고를 아껴줄 수 있는 서비스와 가전이 필요하다.

---

3. 1인가구의 집은 가장 큰 소비다.
취향이 담기지 않은 것은 들어오지 않는다.

삶의 형태에 따라 1인가구의 집은 달라진다. 효율이든 취향이든, 그들의 선택지를 충족시키지 못하면 선택받을 수 없다.

혼자 사는 집에 들어오는 것들

Chapter 8

매일의 집안일과 매일의 의복, 매일의 식탁에 즐거움과 보람을 주는 선택지로 B급이 부상하고 있다.

B급 소비가 꿈꾸는 미래_신수정

B급들의 반란

"뭐니뭐니 해도 가장 인기 있는 곳은 북메카의 B급 도서 코너!! 번호 표를 받고 입장하니 오전 10시 5분 정도, 이미 엄마들 경쟁이 치열했습니다. 저도 껴서 득템했어요!"

"한섬 B품 입고됐다고 해서 지하철 타고 다녀왔어요. 전에 B품 입고된 날 주차장 자리 없어서 주차하기 힘들었거든요"

"르망고 B급 다시 풀렸습니다~~ B급 품절이라 포기하고 A급 사나 마나 고민하다 혹시 취소건 있을까 들어가봤는데 제가 원하던 디자인들 B급, 사이즈 대부분 수량 보충되었네요. 포기 말고 광클하세욥"

제품을 사기 위해 인파를 헤치고 가 웨이팅을 걸고, 품절된 물건의 재입고를 기다리며 사이트에 잠복하기를 주저하지 않는 이 장면은 명품 소비의 현장이 아니다. B급 제품 소비를 둘러싼 광경이다. B급 제품의 인기를 대변하는 듯 소셜미디어에서도 관심이 늘어나고 있다. 2020년 1월 2331건이었던 'B급 제품' 언급량이 2024년

〈'B급 제품' 언급 추이〉

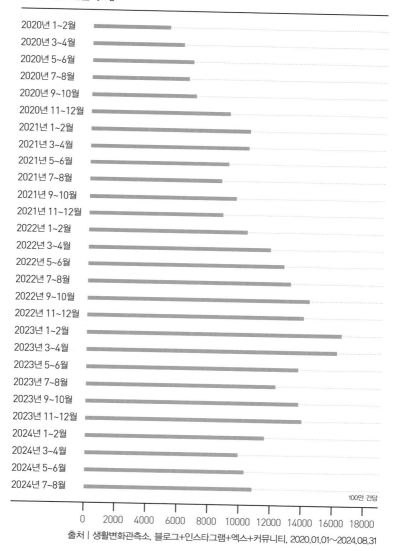

기간	
2020년 1~2월	
2020년 3~4월	
2020년 5~6월	
2020년 7~8월	
2020년 9~10월	
2020년 11~12월	
2021년 1~2월	
2021년 3~4월	
2021년 5~6월	
2021년 7~8월	
2021년 9~10월	
2021년 11~12월	
2022년 1~2월	
2022년 3~4월	
2022년 5~6월	
2022년 7~8월	
2022년 9~10월	
2022년 11~12월	
2023년 1~2월	
2023년 3~4월	
2023년 5~6월	
2023년 7~8월	
2023년 9~10월	
2023년 11~12월	
2024년 1~2월	
2024년 3~4월	
2024년 5~6월	
2024년 7~8월	

100만 건당

0 2000 4000 6000 8000 10000 12000 14000 16000 18000

출처 | 생활변화관측소, 블로그+인스타그램+엑스+커뮤니티, 2020.01.01~2024.08.31

B급 소비가 꿈꾸는 미래

8월 5650건으로 4년 8개월 동안 2.4배 상승했다.

 'B급'이라 하면 'B급 영화'나 'B급 감성'처럼 주류 문화에 반하는 키치한 문화 코드로서 B급을 떠올리는 사람이 많을 것이다. B급의 의도적으로 촌스럽고 조악한 연출과 이미지는 세련되고 잘 다듬어진 A급을 지향하는 주류 시장에 통쾌한 해방감과 새로운 에너지를 불어넣는다. 만듦새가 세련되지 않아도, 완벽하지 않아도 충분히 즐거울 수 있고, 나아가 A급에서는 느낄 수 없는 독특하고 고유한 감성을 준다는 점이 B급의 매력이다. 문화적 코드로서 B급은 이미 주류, 비주류의 구분이 무의미할 정도로 대중문화의 메인스트림으로 자리 잡았다. (2023년 아카데미 7관왕에 오른 〈에브리씽 에브리웨어 올 앳 원스〉를 떠올려보자.) 그리고 이러한 B급의 매력은 문화 코드를 넘어 소비의 영역에서도 새롭게 발견되고 있다.

 용어 정리부터 하고 가자. 'B급 제품'이란 정상 제품을 뜻하는 A급과 대비되어 생겨난 말로, 약간의 흠집이나 하자가 있어 정식 매장에서 판매하기는 어렵지만 실제 사용하는 데 아무런 문제가 없는 제품을 뜻한다. 'B품'이라고도 하고, 산업 및 공정에 따라 다른 용어가 통용되기도 한다. 공장에서 생산된 양산품의 경우 제조 공정에서 발생한 작은 하자를 다시 손질했다는 의미로 '리퍼브'(refurbished) 또는 '리퍼'라는 표현이 널리 쓰이고, 농산물에는 표준화된 규격에서 벗어난 외양이라는 뜻에서 '못난이 농산물'이, 그리고 오래전에 생산된 제품을 손질해서 재판매하는 '빈티지'도 정상 상품의 컨디션이 아니라는 점에서 B급의 범주에 속한다.

산업에 따라 조금씩 맥락이 다르고 용어도 혼재되어 있지만(이름이라는 것이 본디 다양한 사람들에 의해 창발적으로 생겨나다가 널리 알려짐에 따라 하나로 수렴되는 과정을 거친다) 표준화된 품질의 제품이 표준화된 유통 과정을 거쳐 소비자에게 닿는 전형적인 생산-유통-소비의 과정을 따르지 않는다는 공통점이 있다. 이 과정에서 생산자는 직접 마켓을 열기도 하고, 유통 업체는 직접 제품을 수리하고 검수하는 역할을 맡기도 하며, 소비자는 시중의 제품보다 구매 접근성이 좋지 않은 번거로움을 마다하지 않는다.

주목할 점은 '왜 지금 B급 제품이 부상하는가'이다. B급 제품은 기존에 없었다가 최근에 새로 생겨난 게 아니다. 리퍼브 제품과 못난이 농산물은 표준 규격에 맞는 상품을 생산하는 과정에서 불가피하게 생겨나고, 빈티지 시장 또한 오랜 기간 큰 변화 없이 일정한 수요와 공급이 이루어지고 있었다. 그런데 왜 최근 들어 의식주 영역의 소비생활 전반에 B급 제품이 주목받기 시작한 것일까?

가장 쉽게 떠올릴 만한 변수는 고물가와 경기침체라는 경제상황이다. 월급 빼고 다 오르는 것 같다는 푸념이 현실이 되고 있는 요즘, B급 제품은 실사용에 아무런 문제가 없으면서 새 제품보다 적게는 20~30%, 많게는 50%까지 저렴하게 구매할 수 있어 씀씀이를 줄여야 하는 소비자의 주머니 사정을 고려한 대안적 소비가 될 수 있다.

그러나 상대적으로 저렴한 가격만이 B급 제품 시장의 성장을 견인하는 것은 아니다. 현재 관찰되는 B급 소비의 면면을 들여다보면 허리띠를 졸라매는 불황형 소비와 비슷하면서도 다른 지점이 분명히 읽힌다. 지금부터 의식주 영역에서 B급 제품 소비가 어떻게 일어나고 있는지, 그리고 B급 제품이 소비자들에게 주는 효용과 가치는 무엇인지 살펴보자.

리퍼브 : 일상의 구석진 곳까지 삶의 질은 소중하기에

의식주 가운데 첫 번째로 살펴볼 B급 소비는 주생활에서 일어나는 '리퍼브'다. 이 영역에서 가장 두드러진 변화는 B급 제품의 선택지가 넓어졌다는 점이다.

지난 몇 년간 가속화된 온라인 플랫폼의 성장은 재고 및 반품 물건도 늘렸다. 이 과정에서 실제 사용되지 않았으나 정상적으로 유통될 수 없게 된 B급 제품이 리퍼브 시장으로 들어오며 제품의 종류가 한층 다양해졌다. 예전에는 노트북, 카메라, 휴대폰처럼 값비싼 전자기기 위주로 거래가 이루어졌다면 지금은 리클라이너, 테이블램프, 사이드테이블 등 소형 가구도 리퍼브 제품이 유통되면서 이를 찾고 구매하는 소비자가 늘었다. 취급하는 품목이 다양해지면서 더 많은 소비자가 들어오게 되고, 그에 따라 시장의 저변도 넓어지는 중이다.

"FF COLLECTIVE 테이블램프 인테리어에 관심 없어서 구경만 하다가

신혼집 입주 후 관심을 갖게 되고 이 조명을 살말살말 하던 중에 리퍼
브 세일을 하고 가격이 40프로나 할인 두둥(이건 사야 해!!!!)"

　B급 시장의 플레이어(브랜드)가 많아진 점도 다양성을 확대하는
데 일조했다. 폴라앳홈, 문도방, 리토가토, 브릿지독, 알마센, 지에
라… 지금 열거한 브랜드를 모두 알고 있는 사람은 많지 않을 것이
다. (폴라앳홈과 문도방은 테이블웨어 브랜드, 리토가토는 반려동물을 위한
패브릭 브랜드, 브릿지독은 반려동물 식기 브랜드, 알마센은 캠핑용 텐트 브
랜드, 지에라는 주방 오븐 브랜드다.) 이들 브랜드의 공통점은 누구나 알
지는 못해도 해당 분야에 관심 있는 사람은 다 아는 브랜드이자, 리
퍼브 제품을 간헐적으로 판매하는 브랜드라는 것이다. 특정 카테고
리에서 인지도를 갖춘 브랜드가 신규 고객을 인입하기 위한 용도
로 리퍼브 제품을 프로모션 이벤트로 활용하고, 소비자들은 탐내던
제품을 좀 더 저렴하게 살 수 있는 기회를 놓치지 않는다.

　"헤이엄[1] 인스타에 B품 세일 진행한다고 피드가 올라왔는데 B품 품목
중에 사고 싶었던 깅엄그린이 있었다! 이걸 안 살 수가 있나?! (…) 내
가 주문하고 나서 깅엄그린, 깅엄레드는 품절이 떴다. 아마 극소량만
풀었던 듯. 결제 성공해서 진짜 기뻤다 ㅎㅎ"

―――――――――――――――

1 수영복 브랜드

제품의 본질적 영역인 품질에 대한 인식 개선도 리퍼브 시장의 진입장벽을 낮추는 데 일조했다. 비슷한 것 아니냐 할지 모르지만 중고 제품과 리퍼브 제품은 엄연히 다르다. 중고 제품은 실제로 사용하다가 필요 없게 되어 되파는 제품이고, 리퍼브 제품은 생산 과정에서 발생한 흠이나 오류를 전문가가 다시 손보아 파는 것이어서 사용감은 새 제품과 다름없다. 예전에는 서드파티 업체에서 사제로 수리하여 판매했기 때문에 품질에 대한 불신이 컸으나 지금은 제품을 생산한 브랜드에서 직접 손보거나 유통 플랫폼에서 직접 검수하고 품질을 보증함으로써 신뢰도가 높아졌다.

리퍼브 제품을 찾는 소비자가 늘어나면서 온라인 플랫폼에도 리퍼브 제품 전문관이 속속 입점하고 있다. 쿠팡은 2023년 2월 리퍼브 매장 '반품마켓'을 오픈해 3개월 만에 이용자가 35% 이상 증가했으며, 11번가도 2023년 4월 리퍼브 매장 '리퍼블리'를 오픈했다. 오프라인 유통도 리퍼브 시장의 성장세에 적극 대응하고 있다. 롯데마트는 리퍼브 브랜드를 4개(올랜드&올소, 그리니, 두원, 줌마켓)나 운영하고 있으며, 2023년 10월 기준 리퍼브 상품 매출이 전년 동기 대비 10배 가까이 증가했다고 한다.[2] 홈플러스는 리퍼브숍 '어썸마켓'과 협업하여 전국 지점 내 관련 매장 오픈을 이어가고 있으며, 이마트는 리퍼브 상품 판매 플랫폼 '땡큐마켓'과 손잡고 리퍼브 팝업스토어를 열어서 눈길을 끌었다.[3]

2 "'홈집 나도 괜찮아' … 고물가에 떠오르는 '리퍼브' 상품", 아시아경제, 2023.11.24.
3 "'이마트, 중동점에 리퍼브 팝업스토어 '인생 2회차' 열어", 연합뉴스, 2024.8.23.

〈'리퍼브' 언급 추이〉

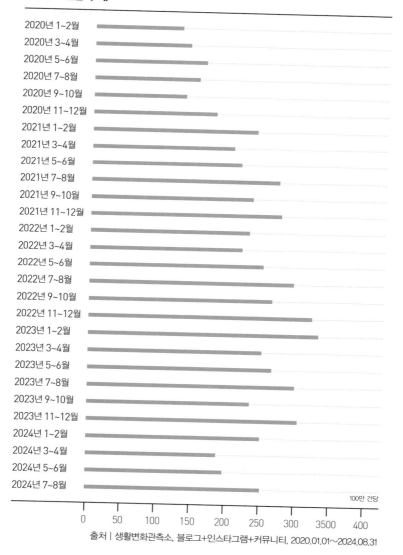

100만 건당

B급 소비가 꿈꾸는 미래

흥미로운 것은 리퍼브 전문관에서 판매되는 제품의 면면이다. 2024년 8월 쿠팡 반품마켓의 인기 상품을 살펴보자. 노트북 등의 전자기기 외에도 로봇청소기(92만 원), 소형 건조기(32만 원), 마사지건(63만 원), 블루투스 헤드폰(42만 원)처럼 생활에 반드시 필요하다기보다는 있으면 더 좋은, 이른바 '삶의 질'을 높여주는 제품들이 포진해 있다. 이는 리퍼브 시장의 성장이 허리띠를 졸라매는 불황형 소비와는 결이 다르다는 것을 보여준다. 허리띠를 졸라매더라도 내가 쉬는 동안 알아서 청소하는 로봇청소기, 젖은 빨래를 너는 수고를 덜어주는 건조기(소형이라는 점도 중요 포인트다), 하루의 피로를 풀어줄 마사지건 등 내 삶을 보다 윤택하게 해주는 물건들을 산다. 설령 불황으로 힘들어도 내 삶의 질은 포기하지 않는 것이다.

데이터상에서도 리퍼브숍에 대한 감성 변화를 살펴보면 '저렴하다'는 하락하고 '예쁜', '다양한' 같은 키워드가 상승하고 있다. 지금 리퍼브숍이 소비자에게 주는 가치가 가격적 메리트 외에 더 나은 삶에 대한 욕구를 충족시켜 주는 것임을 확인할 수 있다.

아울러 리퍼브 시장의 양적, 질적 성장은 '퀄리티'에 대한 관점의 변화를 보여준다. 이제는 상품(上品), 양품(良品)처럼 하자 없이 완벽한 것이 아니라, 설령 수리했더라도 제품의 효용이 내게 도움 되고 삶의 질을 높여준다면 퀄리티 있는 제품으로 인식한다. 그야말로 나를 기준으로 퀄리티를 재해석하기 시작한 것이다.

질적으로 만족하는 삶, '삶의 질'은 예전부터 이미 중요한 가치였다. (삶의 질이 중요하지 않은 사람이 누가 있겠는가.) '삶의 질' 언급량은

2020년 1만 2028건에서 2023년 1만 4812건[4]으로 매년 평균 7.7% 상승하고 있다.[5] 이미 충분히 중시되고 있었는데 삶의 질에 대한 관심이 여전히 증가하는 현상을 어떻게 해석할 수 있을까? 삶의 질을 감각하는 포인트가 일상 구석구석까지 세밀해졌기 때문은 아닐까? 지금의 삶의 질은 '이모님 가전'이라 불리는 식기세척기와 로봇청소기, 건조기 정도로 충족되지 않는다. 예를 들어 치실의 면적과 단단한 정도는 어떤지, 커터칼은 택배박스를 언박싱할 때 안전하게 디자인되었는지도 나의 삶의 질을 높여주는 요소가 될 수 있다. 사용 상황에 맞게 잘 디자인된 제품은 사용자의 삶의 질을 수직 상승시켜 주고, 만족한 사용자는 '치실 유목민을 정착시킨 내 최애 치실', '언박싱용 꿀템'이라 말하며 다른 사람에게 추천한다. 치실하는 순간, 택배박스를 여는 사소한 순간도 엄연한 삶의 현장이자 삶의 만족도를 좌우할 수 있는 장면이 된다.

"개인적으로 너무너무 잘 쓰고 있는 이 치실은 면적이 넓고 얇은 게 특징이라 나처럼 잇몸이 약하거나 치간이 좁은 사람들에게 매우 최적화되어 있는 it아이템이다. 흔히들 사용하는 치실은 면적이 좁고 땡땡한 느낌이 있어 자칫 힘 조절에 실패할 경우 잇몸에서 피를 보는 불상사가 생기기 마련인데 저 치실은 치실 자체가 부드러워 사용시 위험 부담이 덜하다."

---

4 블로그, 커뮤니티 기준.
5 전년 대비 증감률 평균(2020~2023).

"회사에서 커터칼 쓸 일이 많은데 유독 장비실 커터칼들이 굉장히 자주 녹이 슬었다. 왜지?? 녹슨 커터칼은 파상풍 위험도 있고 보기에도 안 예뻐서 싫어! (본심ㅋㅋ) 그래서 자주 교체해주고 있었는데 계속 교체하다하다 박텨서ㅋㅋ 회사돈으로 비싼 세라믹칼들을 사버렸다!!! 날은 세라믹에 본체는 플라스틱이니 녹이라고는 슬래야 슬 수가 없지모!!! 속이 다 시원해서 진짜 찐만족템이다♡"

오늘날의 소비자는 일상의 모든 순간을 나의 삶으로 소중히 여기고 애착하며 작은 부분까지도 좀 더 만족스럽게 만들어가고자 한다. 사소한 아이템도 제품마다 차이점을 인식하고, 내게 딱 들어맞는 제품을 찾고 또 찾는다. 중요한 것은 제품의 상태보다 나에게 주는 효용이기에, 애매한 브랜드의 양품보다는 흠집이 있더라도 내 필요에 딱 들어맞는 브랜드의 B품이 선택될 확률이 높아진다. 매스 브랜드라면 눈여겨보아야 할 지점일 것이다.

퀄리티를 바라보는 관점의 변화, 그리고 나의 필요와 만족을 중심에 둔 소비문화가 지속된다면 또 어떤 미래를 상상할 수 있을까? 특정 아이템으로 삶의 질을 높이는 방법을 소개하는 '꿀팁' 또는 '꿀템' 콘텐츠를 해외에서는 'life hacks'라 표현하는데, 'life hacks'의 진화 버전인 'ikeahack'[6]을 눈여겨볼 만하다. (인스타그램이나 유튜브, 틱톡에서 검색해보자.) 해당 키워드의 영상을 보면, 이케아의 기본템

---

6 이케아(IKEA)와 해킹(hack)의 합성어로, 이케아의 제품을 창의적으로 변형하여 새로운 용도로 사용하는 DIY 활동의 일종.

들을 색다르게 조합해 제품의 원래 용도와는 다른 자기만의 제품을 만드는 모습이 나온다. 예를 들어 우드 샐러드볼과 트레이를 연결해 사이드테이블을 만들고, 유리병과 그릇을 도색해 테이블 조명을 만드는 식이다. 마치 식생활에서 다양한 식재료로 자신만의 요리를 만들듯 주생활에서도 다양한 컴포넌트를 조합해 자신만의 물건을 만드는 것이다. 이제는 소비자들이 만들어진 제품을 소비하는 데 그치지 않고 그 제품의 새로운 쓰임을 발견해내고, 자신만의 활용법을 확산시키는 등 소비에서도 창발적인 문화를 형성해갈 것임을 보여준다.

빈티지 : 똑같은 것은 이 시대의 아름다움이 아니기에

다음으로 패션으로 가보자. 생산과정에서 발생한 B급 제품을 손보아서 판매하는 활동은 의류업계에서도 최근 눈에 띄게 많아지고 있다. 앞에서 소개했듯이 브랜드들의 한시적인 세일 콘텐츠로도 활용되고, W컨셉 등 유명 온라인 패션 플랫폼에서도 리퍼브 코너를 따로 만드는 추세다. 여기에 더해 패션에서는 리퍼브 말고도 눈길을 끄는 B급 소비가 하나 더 있다. 빈티지 시장이 그것이다. 빈티지에 대한 관심은 2020년 1월 3622건에서 2024년 8월 9540건으로 4년 8개월 동안 2.6배 늘어났다.

사전적으로 '낡고 오래된 것'을 뜻하는 빈티지는 수년 전만 해도 비교적 생활에 여유 있는 소수 여성들의 취미였다. 낡았지만 고전적인 우드 테이블 위에 레이스 테이블보를 깔고 1900년대에 생산된 림이 얇고 섬세한 티세트를 세팅한 씬이 빈티지 문화를 향유하는 대표적인 방식이었다. 유통되는 빈티지 제품도 접시, 찻잔 등 테이블웨어가 대부분이었고 스타일은 앤틱이 지배적이었다. 이때의 빈티지는 옛 시대에 대한 동경과 향수가 주요한 정서라 할 수 있다.

지금의 빈티지 시장은 리퍼브 시장과 마찬가지로 제품의 다양성 측면에서 많은 변화를 보이고 있다. 테이블웨어에서 가구, 의류까지 시장에서 유통되는 빈티지 제품의 영역이 넓어졌다. 특히 빈티지 의류는 젊은 층을 유입시켜 빈티지 시장을 역동적으로 만들어가는 데 큰 역할을 하고 있다. 의류는 가격대가 다양하고 그릇이나 가구에 비해 관리 비용이 크지 않아 부담이 적다. 또 때마침 유행한 Y2K, 밀레니엄룩 등 레트로 무드가 남들과 다른 룩으로 자신만의 개성을 표출하고자 하는 젊은 세대의 니즈와 맞아떨어지면서 패션 아이템으로 빈티지에 입문하는 젊은 층이 늘어나고 있다.

눈치가 빠른 독자라면 이 시점에서 빈티지와 유사한 어떤 키워드를 떠올렸을 수도 있겠다. 리퍼브와 중고처럼 빈티지와 유사하지만 서로 다른 맥락으로 사용되는 용어가 있다. '구제'가 바로 그것이다. 빈티지와 구제 둘 다 낡고 오래된 것이라는 점에서 동일하지만, 구제는 한국전쟁 당시 미국이 구호물자로 보낸 의류 등을 뜻하는 말에서 유래해 현재도 중고의류의 의미로 국한해 사용된다. 반면 빈티지는 시간이 지났어도 여전히 아름다운 것이다. 패션 말고도 가

⟨'빈티지' 언급 추이⟩

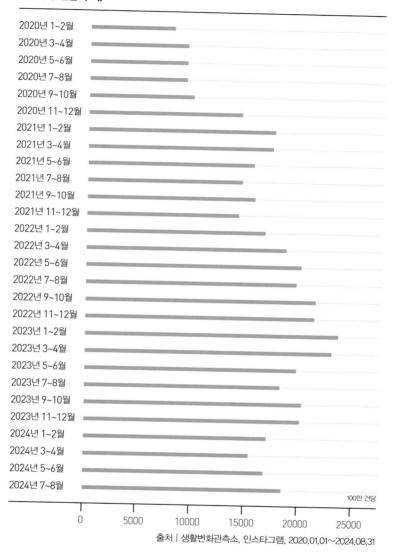

2020년 1~2월	
2020년 3~4월	
2020년 5~6월	
2020년 7~8월	
2020년 9~10월	
2020년 11~12월	
2021년 1~2월	
2021년 3~4월	
2021년 5~6월	
2021년 7~8월	
2021년 9~10월	
2021년 11~12월	
2022년 1~2월	
2022년 3~4월	
2022년 5~6월	
2022년 7~8월	
2022년 9~10월	
2022년 11~12월	
2023년 1~2월	
2023년 3~4월	
2023년 5~6월	
2023년 7~8월	
2023년 9~10월	
2023년 11~12월	
2024년 1~2월	
2024년 3~4월	
2024년 5~6월	
2024년 7~8월	

100만 건당

0   5000   10000   15000   20000   25000

출처 | 생활변화관측소, 인스타그램, 2020.01.01~2024.08.31

구, 인테리어 등 심미성을 추구하는 영역에서 카테고리의 핵심가치인 '아름다움'을 담고 있는 키워드라는 점에서 구제와는 결정적인 차이가 있다.

빈티지가 가진 고유한 아름다움을 알아보는 소비자가 늘어나고 있다는 것은 데이터상에도 나타난다. 빈티지 제품은 무턱대고 구매하기에는 진입장벽이 다소 높기에 구매하는 사람의 지식과 안목이 중요하다. 그래서 빈티지 연관 감성 중 상위에 나타나는 감성이 '신중한'이다. 자신의 기준이 명확하지 않으면 적지 않은 돈과 시간을 들여 구매한 제품이 무용지물이 될 수 있기 때문이다. 그러나 빈티지 소비 경험이 늘어나면서 눈높이도 자연스레 높아진 소비자들은 이제 신중한 구매를 위해 애쓰기보다 빈티지 제품 자체의 '다양하고', '매력적이고', '귀엽고', '자연스러운' 점에 주목한다. 빈티지 쇼핑의 주의사항보다 빈티지 제품의 고유한 매력을 더 높이 사기 시작한 것이다.

"어디서든 구매할 수 있고, 비슷한 디자인이나 패턴을 발견할 수 있는 보세나 브랜드 의류보다 보석을 찾듯 발굴해내는 빈티지가 좋다. 독특한 패턴과 흔히 볼 수 없는 컬러, 그 옛날에는 트렌드였을지 모를 핏, 그리고 단추 같은 부자재까지도 특별하게 느껴진다. 누군가 사용했던 것이든 헛것이든 크게 개의치 않고 오히려 잘 관리된 빈티지 제품을 보면 원주인이 아끼던 물건이라는 느낌까지 받으면서 더 소중하게 느껴졌다. 그리고 내 맘에 쏙 드는 아이를 만나면 득템하는 기분까

스토리텔링에서 상처는
이야기의 매개가 된다.
B급의 흠결은 스토리가
시작되는 지점이다.

지도 만끽할 수 있다!"

평소 갖고 싶었던 특정 브랜드에 부담 없이 입문할 수 있다는 것
도 빈티지의 매력이다. 명품이나 유명 컨템포러리 브랜드의 신제
품은 가격도 비싸거니와 인기 있는 제품은 구하기도 쉽지 않다. 운
좋게 구매에 성공하더라도 길거리에서 같은 제품을 마주칠 위험이
있다. 그런데 빈티지숍에서 판매하는 제품은 특정 브랜드의 특정
시기 디자인이라는 헤리티지를 품고 있으면서 신제품보다 저렴하
고, 어디서도 만나볼 수 없는 유니크함까지 지니고 있다.

"내 첫 빈티지:재키백 요새 빈티지와 업사이클링에 관심이 많아서 계
속 서치하고 있는 와중에 발견한 요 재키백. 뭔가 클래식한데 또 캐주
얼해! 근데 새 제품을 구매하기엔 또 애매해… 그래서 찾아본 빈티지!
(…) 무난하게 블랙 색상에 천 소재 모양도 잘 살아 있고, 아주아주 만
족스럽다. 몸통과 핸들 사이에 약간의 갈라짐이 있지만 요런 게 또 빈
티지의 매력이니까"

내 인생 첫 차는 비록 중고차여도 소중한 것처럼, 내가 애정하는
브랜드의 입문템은 신제품이든 빈티지든 관계없이 소중하다. 오히
려 관리가 걱정되는 신제품보다 누군가의 손때를 탄 빈티지가 더
부담스럽지 않고 손이 자주 간다. 빈티지는 디자인에 대한 지식, 제
품을 보는 안목, 취향을 공유하는 사람들에게만 가닿는 (제한적인 판

매) 정보까지, 돈만으로는 살 수 없는 것이 결집된 트렌드다.

빈티지 소비를 둘러싼 환경 변화를 말할 때 빈티지숍도 빼놓을 수 없다. 핫플 투어의 필수 코스인 맛집과 카페처럼 빈티지숍이 새로운 투어 콘텐츠로 자리매김하고 있다. 일본, 제주도 같은 먼 거리의 여행지에서도, 성수동이나 홍대 같은 비교적 가까운 핫플 투어에서도 보물찾기하듯이 빈티지 제품을 찾아다니는 사람들이 늘고 있다.

"제주도 동쪽 빈티지샵 투어 3탄!!!! 제주도 여행 와서 빈티지샵 방문을 많이 하시더라구요? 소품샵도 그렇고, 빈티지샵이 보물찾기하는 느낌이랄까요??? (…) 어떻게, 무슨 일이 있었는지도 모르는데 남의 물건 함부로 집에 들이는 거 아니라구 당근도 하지 말라고 하는데… 빈티지 매력을 몰라서 하는 얘기야… 보물찾기라구!! 오늘도 너무 행복한 하루였습니다!"

예전에는 빈티지 쇼핑을 하려면 시간과 체력이 필수였다. 어수선한 매장에 무작위로 진열된 물건들 사이에서 마음에 드는 제품을 찾으려면 어지간한 각오 없이는 쉽지 않았다. 그러나 요즘의 빈티지숍은 보는 재미가 있는 개성적인 매장 인테리어와 잘 진열된 제품 디스플레이로 소비자의 수고를 덜어준다. 계절마다 컨셉이 바뀌는 빈티지숍 '밀리언아카이브', 백화점에 입점한 세컨핸드 매장으로 화제가 된 '마켓인유', 폴로나 포터 등 특정 브랜드의 빈티지에 집중하는 매장까지 매장별 컨셉과 매력도 각양각색이다.

빈티지숍에는 개성적인 제품 말고도 또 하나의 경쟁력이 있는데 바로 '주인장'이다. 빈티지숍의 주인장은 독립서점의 주인장처럼 자신의 취향과 관점을 듬뿍 담은 제품을 큐레이션하는 사람이자 그 공간의 분위기를 주도하는 사람이다. 매장에서 방문객들은 주인장의 취향과 감각을 익히고, 주인장이 좋아하는 브랜드의 문화와 역사를 배우며 한층 깊이 있는 소비생활을 하는 취향 공동체의 일원이 된다.

몇 년 전만 해도 봄, 가을 출근길 아침은 옷 고르기가 쉽지 않았다. 일교차가 큰 날씨에 너도나도 베이지색 트렌치코트를 입고 출근길에 나섰기 때문이다. 그만큼 다양성이 부족했다. 그런데 지금은 모두가 자신만의 '추구미'를 연마하는 중이다. 추구미는 특정 분위기의 룩을 연출했을 때 내가 더 매력적으로 보이는가를 중요시한다. 어떤 브랜드의 제품인지, 신상인지 빈티지인지는 중요하지 않다. 내가 추구하는 아름다움을 보여줄 수 있는 아이템이면 충분하다.

"최근에는 팔로마울식 그런지와 미니멀리즘의 조화 같은 조금 과장된 디테일과 절제된 색감이 좋았다. 이런 것들을 어떻게 녹일지 생각하면서 요즘 미니멀리즘과 내 추구미의 어디쯤을 모아보았다."

신상 대비 저렴한 가격과 희소함이 주는 매력, 그리고 돈으로 살 수 없는 나만의 감각을 표출할 수 있다는 점이 젊은 층이 빈티지로

눈을 돌리는 계기가 되었다. 빈티지 시장의 성장은 이 시대의 아름다움이 다양성과 고유성에 있음을 보여준다.

못난이 농산물 : 손수 내 밥을 짓는 것은 나의 긍지이기에

주생활, 의생활에 이어 이제 식생활에서의 B급 소비를 살펴보자. 식생활에서도 A급에 비해 저렴하면서, 카테고리의 핵심가치는 놓치지 않고, 주산물의 생산 과정에서 자연스럽게 생겨난 부산물을 소비하는 행태가 나타나고 있다. 못난이 농산물 이야기다.

못난이 농산물은 맛과 영양 등 품질에는 큰 차이가 없으나 모양이 비대칭이거나 작은 흠집 등으로 상품성이 떨어지는 농산물을 뜻하는 말로, 전 세계에서 매년 13억 톤이 못난이라는 이유로 버려지고 있다. 전체 농산품 중 못난이는 30~40% 비율로 나오는데, 그대로 버려지면 매해 1000조 원어치가 버려지는 셈이라고 한다.[7] 농작물 생산 과정에서 늘 있었으나 지금까지 시장에서 특별히 관심받은 적은 없던 못난이 농산물에 대한 관심이 최근 크게 늘고 있다. 못난이 농산물의 언급량은 2020년 1월 142건에서 2024년 8월 361건으로 약 2.5배 증가하며 꾸준히 상승 중이다.

못난이 농산물의 부상은 신규 온라인 유통 서비스들의 등장에 힘

---

7 못난이 협동조합, https://youtu.be/3g2AkkuoVKw?si=etHx_G99OewVUHQs

입은 바 크다. '어글리어스', '예스어스', '언밸런스마켓' 등 못난이 농산물 전문 유통 서비스에 대해 들어보았을 것이다. 그대로 버려질 뻔한 못난이 농산물이 판로를 확보하면서 농가는 더 높은 수익을 올리고, 소비자는 더 저렴한 가격에 농산물을 구매할 수 있게 되었다. 게다가 버려지는 농산물을 줄이니 지구 환경에도 이로운 선택이라는 점에서 앞서 소개한 리퍼브나 빈티지와 궤를 같이한다.

다만 리퍼브와 빈티지가 그러한 것처럼 못난이 농산물의 인기도 저렴한 가격과 지구 환경을 위한 윤리적 선택 때문만은 아니다. 2020~21년과 2022~23년의 못난이 농산물의 감성어를 비교해보면 '저렴한 가격', '돕다', '해결하다' 같은 키워드는 하락하고 '신선한', '좋아하다', '건강하다' 같은 키워드가 상승했다. 이는 못난이 농산물 소비가 가격적 이점과 농가를 돕기 위한 시혜적 관점의 소비에서 식품 카테고리의 본질인 '맛'과 '건강'을 충족하는 본질적 소비로 한 단계 나아갔음을 의미한다. 백종원 대표가 소개하고 이마트에서 판매해 화제가 되었던 '못난이 감자' 때만 해도 못난이 농산물은 내가 아닌 타인을 위한 시혜적 의미를 담고 있었다. 그런데 지금은 그 누구도 아닌 나를 위한 자발적 선택으로 변화한 것이다.

"며칠 전 귤 소개해주신 분 감사합니다. 오늘 드디어 귤 받았는데 10개 넘게 먹은 것 같아요. 외관은 못난이지만 맛은 새콤달콤 좋아요! 신맛 안 좋아하는 남편은 신 거 같다고 하지만 제 입맛에는 딱~이에요. 링크 달아주셔서 큰 기대 없이 들어가서 구매해본 건데 아주 만족

〈'못난이 농산물' 언급 추이〉

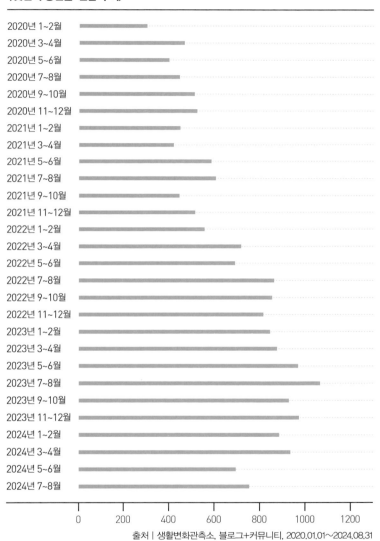

출처 | 생활변화관측소, 블로그+커뮤니티, 2020.01.01~2024.08.31

해서 감사인사 드립니다^^"

    못난이 농산물 소비에서 또 하나 주목할 점은 유통 서비스 모델이다. 이들은 대부분 1회성 소비가 아닌 구독 서비스를 기반으로 하는데, 이는 지구와 개인 모두를 이롭게 하는 더 나은 생활 '습관'을 표방하는 것이다. 주기적으로 배송되는 못난이 농산물을 받아본 소비자는 맛을 즐기는 것은 물론 직접 요리해서 먹는 건강한 습관을 들이고, 잘 먹지 않던 농산물을 시도하며 종 다양성을 배우는 등 한층 풍요로운 식생활을 경험하게 된다.

    "규격 외… 그러니까 못생겼다고 버려지는 농산물이 있다는 게 너무 기괴하다고 생각하면서 어글리어스 정기구매하고 있어요. 레시피도 알려주고, 때에 맞춰 제철채소 먹는 기분 너무 좋아요 ㅜㅜ"
    "어글리어스의 재미 포인트는 낯선 농작물에 도전하게 된다는 점. 호랑이콩이라는 강낭콩을 받아서 처음으로 콩수프에 도전했다. 꼬수워… 왜 콩수프 안 드세요 여러분… 파스타 사리 필수요 치즈도 좋겠네용"
    "내가 한 성공을 나 자신이 오롯이 인정하고 칭찬해 주기. 집에서 무려 월남쌈을 해먹는다. 어글리어스를 활용한다. 노션으로 기록 관리를 잘한다. 옷에 관심이 많고 다양한 스타일을 소화할 줄 안다. #자기칭찬_챌린지"

못난이 농산물 구독 서비스를 이용해본 사람들의 반응이다. 자세히 들여다보면 못난이 농산물 구독 서비스에는 지금 소비자의 니즈에 부합하는 3가지 코드가 있음을 확인할 수 있다.

첫 번째는 '제철'이다. 내가 마트에 가서 챙겨 사 오지 않아도 집으로 알아서 제철 식재료가 배송되는 덕분에 이 계절에만 누릴 수 있는 식재료를 놓치지 않고 싱싱하게 즐길 수 있다. 초여름의 초당옥수수, 초가을의 무화과처럼 제철 채소와 과일을 챙겨먹는 것은 지금 젊은 층에게 한 계절을 나는 즐거움이자 건강이며 자기 자신에게 주는 작은 호사로 자리 잡고 있다.

두 번째는 '도전'이다. 식재료와 함께 레시피도 보내주어 경험이 부족한 이들도 요리 스펙트럼을 넓히는 즐거움을 맛볼 수 있다. 다양한 식재료로 처음 만들어보는 요리는 설렘과 보람 그 자체이자, 색다른 도전의 기록을 SNS에 남길 수 있는 좋은 콘텐츠가 된다.

세 번째는 '긍지'다. 못난이 농산물이 정기적으로 배송되니 버리지 않기 위해 억지로라도 요리를 하다 보면 직접 식사를 챙겨 먹는 스스로에게 자긍심을 느끼게 된다. 누가 시키지 않았지만 매일 밤 일기를 쓰는 것처럼, 누가 검사하는 것도 아니지만 집 청소를 야무지게 하는 것처럼, 오롯이 자기 자신을 위해 요리를 한다는 것은 힘들지만 내 삶을 내 손으로 직접 일궈가는 보람과 뿌듯함을 선사한다. 가족을 위해 밥을 짓고 희생하는 엄마만이 숭고한 것은 아닐 것이다. 누가 보지 않아도 내 삶을 내 손으로 성실히 만들어가는 것이 이 시대의 숭고라 할 수 있지 않을까?

〈B급 소비 영역별 주요 플랫폼과 가치〉

카테고리	리빙	패션	식음
유통 플랫폼	리퍼브숍, 브랜드발 마켓, 대형 온/오프라인 유통 플랫폼 (쿠팡, 롯데마트 등)	빈티지숍 (밀리언아카이브, 마켓인유, 브론즈윅 등)	못난이 구독 서비스 (어글리어스, 예스어스, 언밸런스마켓 등)
카테고리 핵심가치	삶의 질 수직상승 #퀄리티보장 #브랜드인입계기 #구체적인씬	나만의 아름다움 추구 #딱한점 #브랜드입문 #매력적인주인장	건강한 식습관 #제철식재료 #도전콘텐츠 #나의긍지
공통가치	가격적 이점, 희소성, 환경보호		

못난이 농산물의 인기에 힘입어 최근에는 대형마트에도 못난이 농산물 매대가 생겨나고, 못난이 농산물로 만든 가공식품이나 화장품 등 2차 생산품도 늘어나고 있다. 여러 선택지 중 하나로 자리 잡은 비건처럼, 못난이 농산물도 식문화 속 하나의 카테고리로 커질 수 있지 않을까 기대해본다.

내 주머니 사정부터 지구의 안녕까지

지금까지 고물가라는 어려움을 슬기롭게 극복하는 소비방식으로 의식주 영역에서 부상 중인 리퍼브, 빈티지, 못난이 농산물에 대

이 시대의 숭고는
피로를 떨치고 일어나
자신의 삶을 자신의 손으로 일궈가는
평범한 사람들에게 있다.

B급 소비가 꿈꾸는 미래

해 살펴보았다. 다시 처음으로 돌아가서 '왜 지금 B급 제품이 부상하는가'에 대해 답변을 해보자.

우선 환경 면에서 B급 제품이 유통 및 소비될 수 있는 생태계가 갖추어졌다. 생산된 물건이 늘어나면서 B급 제품도 다양해졌고, B급 제품을 판매하는 플레이어도 많아졌다. 기존의 유통 플랫폼 외에도 브랜드에서 직접 운영하는 마켓이나 B급 제품만 전문으로 유통하는 대안적인 플랫폼이 등장하는 등 B급 제품이 소비자와 만날 수 있는 경로가 많아지고 다양해졌다.

소비자 입장에서 가격의 이점은 B급 제품을 고려하게 하는 가장 큰 요인이다. 다만 B급 제품 소비를 단순히 가성비 소비의 발로라고만 판단하면 곤란하다. B급 제품은 각 카테고리의 핵심가치, 다시 말해 주생활의 삶의 질, 의생활의 아름다움, 식생활의 맛과 건강이라는 본질적 가치를 충족하기에 소비자의 선택을 받는 것이다.

여기까지 읽은 독자들은 한 가지 의문을 품을 수도 있겠다. B급 제품이 카테고리의 본질에 충실한 것은 맞지만 B급 제품 시장이 앞으로도 지속적으로 성장하기에는 산업적인 한계가 분명한 것 아니냐고, 그럼에도 우리가 B급 소비에 주목해야 하는 이유는 무엇이냐고 말이다.

B급 소비의 면면보다 중요한 것은 흠결을 감수하고라도 B급 제품을 소비함으로써 실현하고자 하는 욕구이며, 이 소비가 보여주는 가치관의 변화일 것이다. 특히 고물가 시대에는 소비가 중대한 의사결정이며, 수많은 고민을 거듭한 끝에 사람들이 손에 쥐는 것이

무엇이고 그 이유는 무엇인지 들여다볼 필요가 있다.

먼저 B급 소비는 소비를 통해 얻고자 하는 심리적 만족감의 기준이 변화했음을 보여준다. B급 소비는 '즐거움'이라는 감성을 주축으로 이루어진다. 지구온난화와 환경오염의 책임에서 누구도 자유로울 수 없는 요즘 같은 때 소비행위는 점점 더 죄책감을 지울 수 없는 것이 되고 있다. 이런 때 추가적인 생산 없이 기존의 생산 과정에서 생겨난 부산물인 B급 제품을 구매하는 것은 소비행위의 죄책감을 덜어준다. 여기에 더해 제품을 내 마음대로 조합하고 새로운 사용법을 찾아내는 기쁨, 희소한 무언가를 득템하는 즐거움, 그리고 자연의 섭리를 배우고 스스로를 다스리는 만족을 얻는다. B급 소비는 태생적으로 '길티(guilty)한' 소비행위를 어떻게 '길티하지 않게' 할 수 있는가에 대한 대안이 될 수 있다.

또한 B급 소비는 일상을 바라보는 시선의 변화를 보여준다. B급 소비는 보이는 나도, 보여주고 싶은 나도 아닌 '내가 살고 싶은 나의 삶'을 꾸려가는 데 동원되는 소비다. 물건 자체가 앞서는 것이 아니라 특정 씬에서 물건이 충실한 용도로 쓰이는지, 물건을 통해 어떤 취향 공동체를 만들어갈 수 있는지, 물건으로 나는 어떤 효용을 얻을 수 있는지를 따지는, 철저히 내가 우선인 소비다.

당연한 것이 당연하지 않을 수 있다는 각성. 코로나19를 가까스로 통과하며 우리가 가슴에 새긴 단 하나의 명제는 '일상의 소중함'일 것이다. 내가 없으면 세상도 없기에 나의 건강은 지상과제가 되고, 나의 심미적 만족감 추구는 적당히를 모르며, 내가 머무르는 공간은 곧 내 삶의 무대이므로 어느 한 곳 소홀할 수 없다. 이런 소중한 일상에 B급은 곁다리를 지우고 본질로 무장하여 매일의 집안일과 매일의 의복, 매일의 식탁에 즐거움과 보람을 주는 어엿한 선택지로 부상하고 있다.

1. 제품의 커스텀 범위를 넓히자.

오늘날의 소비자는 콘텐츠를 2차 창작하듯이 제품 또한 2차 창작하는 데서 기쁨을 느낀다. 소비자가 직접 참여해 자신만의 제품을 만들 수 있도록 커스텀의 범위를 넓히자. 우리 브랜드의 제품을 가지고 놀 수 있게 하자.

2. 소비를 투자의 관점에서 생각해보자.

특정 브랜드의 빈티지 제품은 희소성과 시간이 지나도 불변하는 헤리티지를 지녔다는 점에서 투자의 관점에서도 설득력을 갖는다. 우리 브랜드의 제품은 수십 년 후 빈티지의 가치를 가질 수 있는지, 투자할 만한 서사가 있는지 생각해보자.

3. 플랫폼은 취향을 가진 사람들을 모으자.

빈티지숍의 가장 큰 경쟁력이 주인장이듯, 사람을 끌어들이는 데는 매력적인 사람이 가장 확실한 흥행보증수표다. 플랫폼이라면 매력적인 셀러를 우리 플랫폼에 참여시킬 방안을 구상해보자.

4. 본질에 대한 납득 없이는 일상에 들어올 수 없다.

윤리적 소비는 시대의 중요한 테마이지만 그것만으로 소비가 지속되기는 어렵다. 못난이 농산물 소비가 농부를 위한 시혜적 소비에서 맛과 건강이라는 본질적 가치를 납득시킴으로써 성장했듯이, 우리 브랜드의 제품 또한 본질적인 효용이 명확해야 지속될 수 있다.

이 시대 선망받는 페르소나

해가 바뀐다고 해서 갑자기 '욜로'의 시대에서 '힐링'의 시대가 되는 것은 아니다. 하지만 해가 바뀐다는 세월의 흐름과 함께 우리의 생활도 변한다. 생활의 변화와 함께 선망받는 사람의 상(像)도 달라진다. 이 시대에 선망받는 페르소나를 요약하면 다음과 같다.

1. 맛잘알 힙스터

트렌디한 카페를 누구보다 먼저 가는 사람, 맛있게 많이 먹는 먹방러, 냉장고 속 재료로 새로운 요리를 뚝딱 해내는 사람, 간편한 요리와 자기만의 레시피로 자기 삶을 윤택하게 만들어가는 사람, 음식에 대한 경험과 안목이 풍부하여 그 사람이 인정하는 식당은 예약이 어렵게 만드는 사람, 앞에 열거한 이 모두를 안고 있는 사람이 메가 유튜버가 된다. '식'을 소홀히 하지 않는 삶을 살아온 사람, 그리하여 '식'에 대한 경험과 지식, 그리고 자기만의 취향을 정립한 사람이 선망받는다. 그 사람의 아침 메뉴, 메뉴를 담은 식기, 조리 도구, 주방 인테리어, 집, 삶의 방식, 그러한 삶을 가능하게 한 가치관, 그 모든 것이 그 사람의 한 입에서 시작된다. 말 그대로

'식'이 콘텐츠이고, '식'이 목적이 된다. 빵집 하나, 한 개의 아이템이 여행의 목적이다. 성수동 방문도 마찬가지다. 팝업스토어 방문이 목적이 아니라 성수동 맛집에 웨이팅을 걸어두고 남는 시간에 팝업을 둘러본다. 지방은 관광명소나 특산물이 아니라 식당 하나를 찾아 띄워야 한다. 어차피 먹어야 하는 식이야말로 가장 가성비 좋은 콘텐츠다.

2. 성실한 일잘러

성실한 일잘러는 갓생러와 같은 맥락이지만 꿈을 이루기 위해 준비하는 과정보다는 꿈을 이루었지만 여전히 계속 성실함을 놓지 않는 모습에 초점이 맞춰져 있다. 일잘러는 자기 일을 사랑하는 사람, 효율적으로 일하기 위해 방법을 연구하는 사람, 지속적으로 성장하는 사람, 타고남이나 큰 행운에 기대지 않고 노력으로 이루고 이루고도 노력하는 이미지를 담고 있다. 맛잘알 힙스터의 추천은 따라 하는 것이라면, 성실한 일잘러의 '워크위드미'는 틀어놓고 함께 일하는 용도다. 그런 면에서 성실한 일잘러는 선망받는 페르소나 중에서도 나와 가장 가까운 사람이고, 위로하는 사람이고, 삶의 태도와 연관도가 높은 사람이다. '성실'은 여전히 각광받는 가치다. 브랜드가 얼마나 지속적으로 성실히 노력하고 있는지, 할 수 있다면 직원의 모습으로 증명하자. 직원은 우리 브랜드의 가장 좋은 페르소나다.

3. 화목한 가족

육아맘의 인스타그램에서 마트 사진이 사라지고 패셔니스타의 피드에는 마트 사진이 올라온다. 이국적 거리를 배경으로 무채색 톤의 패션을 선보인 모습으로 가득한 피드에 너무나 선명한 노란색 카트와 함께 대형마트에 서 있는 본인과 가족의 사진이 올라온다. 이 사진은 무엇을 말하고 있는가? 나에게는 화목한 가족이 있고, 나는 그 가족과 마트를 방문한다. 마트는 식당과는 차이가 있다. 가족과 힙한 식당을 방문하고 돈을 지불하는 아빠가 아니라 마트에서 장을 보고, 장 본 재료로 요리를 하는 아빠의 모습이 연상된다. 생활감이 묻어나는 패셔니스타는 스튜디오 안의 패션 모델로 소비되는 것이 아니라 선망의 대상이 된다. 충분히 쿨한 외관을 지닌 그는 과거 아빠들이 완성하지 못한 과업까지 수행함으로써 자상함을 추구하는 이들에게도 주목받고, 쿨함을 추구하는 이들에게도 매력적으로 보인다.

브랜드의 페르소나는 브랜드의 소비자가 아니다. 저런 사람이 이 브랜드를 쓸 거라고 여겨지는 선망의 대상이다. 저런 사람이 이 브랜드를 선택할 거라는 믿음이 소비자로 하여금 이 브랜드를 선택하게 만든다. 2025년 우리 브랜드 페르소나는 선망받는 페르소나를 기준으로 준비하자.

2025 트렌드 노트
일상의 여가화, 여가의 레벨업

2024년 10월 11일 초판 1쇄 발행

지은이 신예은, 박현영, 정석환, 유지현, 권소희, 정현아, 신수정

펴낸이 김은경
편집 권정희, 한혜인, 장보연
마케팅 박선영, 김하나
디자인 황주미
경영지원 이연정

펴낸곳 ㈜북스톤
주소 서울시 성동구 성수이로7길 30 빌딩8, 2층
대표전화 02-6463-7000
팩스 02-6499-1706
이메일 info@book-stone.co.kr
출판등록 2015년 1월 2일 제2018-000078호
ⓒ 신예은 · 박현영 · 정석환 · 유지현 · 권소희 · 정현아 · 신수정
(저작권자와 맺은 특약에 따라 검인을 생략합니다)
ISBN 979-11-93063-64-4 (03320)

북스톤은 세상에 오래 남는 책을 만들고자 합니다. 이에 동참을 원하는 독자 여러분의 아이디어와 원고를 기다리고 있습니다. 책으로 엮기를 원하는 기획이나 원고가 있으신 분은 연락처와 함께 이메일 info@book-stone.co.kr로 보내주세요. 돌에 새기듯, 오래 남는 지혜를 전하는 데 힘쓰겠습니다.